KB230917

독일어
준접미사

독일어 준접미사

강 명 희 지음

|차 례|

Ⅰ. 서 론

1.1 연구 대상

조어의 주요 유형으로는 보통 합성어(Kompositum)와 파생어 (Derivat)를 들 수 있다. 합성어와 파생어에 대한 개념규정은 학자 들에 따라 조금씩의 차이는 있지만 일반적으로 합성어는 독립적으 로 나타날 수 있는 두 개나 그 이상의 형태소들의 결합, 즉 자립 형태소(freies Morphem)들의 결합이며, 그 각각의 구성요소를 합 성성분(Kompositionsglied)이라 한다.

    보기) Hausfrau ＝ Haus＋Frau
          Armbanduhr ＝ Arm＋Band＋Uhr

그에 비해 파생어는 최소한 하나 이상의 자립형태소와 비자립형 태소의 결합으로, 이 경우 자립형태소를 기저어, 비자립형태소를 파생형태소(Derivationsmorphem), 즉 접사(Affix)라 한다. 접사는 그 위치에 따라 접미사(Suffix)와 접두사(Präfix)로 구분된다.

    보기) Schönheit ＝ schön＋－heit(Suffix)
          unwahr ＝ un－(Präfix)＋wahr

8

그러나 접두사를 파생접사라 보는 견해는 반드시 일치하지는 않는다. 즉 Fleischer(1975)는 접두사를 지닌 조어유형을 접두어(Präfixwort)라 하여 합성어와 파생어와는 별개인 제3의 조어유형으로 분류하였고,[1] Paul(1920)은 접두어를 합성어로 간주하였다. 그 밖에 Henzen(1947)은 접두어를 합성어와 파생어 사이의 중간에 위치한 것(Mittelstellung)으로 분류하였다.[2] 이렇듯 접두어에 대한 상이한 입장으로 인해 접두사를 파생접사로 분류하는 데에는 재고의 여지가 있으며, 이에 대해서는 또 다른 연구가 진행되어야 할 것으로 본다. 따라서 본 연구는 접미사만을 파생접사로 간주하기로 한다.

합성어와 파생어는 항상 뚜렷하게 경계를 지을 수 있는 것은 아니다. 즉 조어형태소들 가운데에는 합성어의 구성성분인지 파생어의 접사인지 애매한 것들이 있는데, 이러한 뚜렷한 구분이 용이하지 않은 조어형태소들이 존재하는 것은 언어사적으로 볼 때 합성어들 가운데 몇몇 두 번째 구성성분들이 빈번하게 이용되어 새로운 접사를 생성해 내는 결과를 가져왔기 때문이다. 예를 들어 −heit, −schaft, −tum, −bar, −haft, −lich, −sam 등은 현대 독일어에서는 우리에게 접미사로 알려져 있지만 본래는 독립된 명사나 형용사였으며, 고대고지독어(Ahd.) 및 중세고지독어(Mhd.)에서 근대고지독어(Nhd.)로의 역사적 발전 과정에서야 비로소 의존된 형태, 즉 접미사로 발전하였다.[3] 이렇듯 합성어의 두 번째 구성성분이 빈번하게 나타나

---

1) Fleischer, 1975, S. 53.

2) Paul(1920), Henzen(1947)−Bußmann, 1990, S.170 재인용.

3) Olsen, 1988, S. 76.

면서 점차 접미사로 발전하게 되는 과정에 있어서 합성어와 파생어의 중간단계에 이르는 형태소들이 존재하게 된다. 이에 속하는 형태소들은 부분적으로는 합성어의 특성과 파생어의 특성을 동시에 가지게 됨으로써 합성성분인지 파생형태소인지 혹은 제3의 조어요소인지에 대한 많은 논란을 불러일으키게 하였다. 이에 대한 예로써 /wesen/을 고찰해 보면 다음과 같다.

> a) das Wesen
> b) das Fabel＋Wesen ＝ 합성어
> c) das Schul＋Wesen/Post＋Wesen/Steuer＋Wesen ＝ ?

a)의 독립단어 das Wesen의 의미는 '본질적인 것, 특성, 본성, 살아 있는 것, 피조물(das Wesentliche einer Sache / Eigenart, Natur / etwas Lebendiges, Geschöpf)'이며, b)의 das Fabelwesen의 의미는 '꾸며낸, 상상 속의 산물(erfundenes, fabelhaftes Wesen)'이다. 이때, b)의 Fabelwesen에서 두 번째 성분인 −wesen은 a)의 독립단어인 das Wesen과 연관된 것으로 여겨지며, 이 경우 복합단어 Fabelwesen은 Fabel과 Wesen으로 된 합성어로 간주할 수 있다. 또한 세 번째 예인 c)의 Schulwesen, Postwesen, Steuerwesen의 의미는 각각 '학교제도, 우편제도, 조세제도'이다. 그런데 이러한 경우에도 두 번째 성분 −wesen은 a)의 독립 단어 Wesen에 연관시킬 수 있는가? c)의 세 단어에서 두 번째 성분 −wesen은 a)와 b)에서의 의미와는 달리 선행하는 요소의 전체 조직기구를 지칭한다.[4] 그것은 외형적으로는 선행요소 Schul−, Post−, Steuer−를 규정어

---

4) ebd., S. 75f.

(Bestimmungswort)로 하는 합성어의 기본어(Grundwort)로 보이나, 독립 단어인 Wesen과 의미적으로 상이하기 때문에 합성성분으로 보기는 어렵다. 그렇다고 해서 이를 접미사로 볼 수도 없다. 그것은 비록 유사조어들로 인하여 계열적으로 등장함으로 해서 접미사의 특성을 보이긴 하지만 아직까지 독립적인 자립형태소가 쓰인다는 점에서 접미사로 보기도 어렵다. 따라서 이러한 경우들에 해당하는 두 번째 성분 −wesen은 어떠한 상태(Status)를 가지는지가 문제가 된다. 이러한 상황에 처해 있는 조어형태소들은 −wesen 외에도 상당수 존재한다. 특히 형용사에서는 −arm, −frei, −leer, −los, −reich, −voll 등이, 명사에서는 −gut, −kram, −mann, −werk, −zeug 등이 위와 유사한 문제를 가지는 것들로 언급되고 있다.

이러한 형태소들에 대한 입장은 학자들에 따라 다르다. 각각의 경우에 따른 차이는 있지만 이들을 합성성분으로 분류하는 학자들도 있고, 접미사로 분류하는 학자들도 있고, 제3의 분류를 시도하는 학자들도 있다. 제3의 분류를 하려는 학자들은 이러한 형태소들을 '준접미사(Halbsuffix)'라 지칭한다. 준접미사에 대한 명칭은 'Halbsuffix' 외에도 'Suffixoid', 'ähnliches Suffix', 'affixartiges Suffix'와 같은 용어로도 쓰이고, 국내에서는 '준접미사' 외에도 '접미사류', '반접미사', '유사접미사'와 같은 용어들로도 쓰이고 있으나, 어떠한 용어로 쓰느냐에 큰 차이는 없다.[5]

---

5) Fleischer(1975, S. 70)는 준접미사를 지칭하는 것으로 Suffixoide를 사용했지만 그와 동일하게 쓸 수 있는 용어라는 의미에서 괄호 속에 Halbsuffixe와 relative Suffixe를 나란히 표기하였다. Schmidt(1987, S. 54) 역시 준접사를 지칭하는 용어로 'Affixoid', 'Halbaffix', 'relatives Affix', 'Quasiaffix', 'affixartiges Morphem'을 사용할 수 있으며, 이는 'Suffixoid'에도 상응하여 쓰일 수 있다고 하였다. 이러한 준접미사를 지칭하는 여러 용어들 중에서 학자들은 대부분 'Halbsuffix'나 'Suffixoid'를 사

본 연구의 대상은 이와 같이 합성성분이나 접미사로 분명하게 구분하기 어려운 조어형태소들이며, 이에 대한 용어는 단순히 통일된 기술을 위하여 '준접미사'로 칭하고자 한다.

1.2 연구의 목적

앞서 언급한 바와 같이 준접미사에 대한 입장은 학자들마다 다르기 때문에 아직까지 준접미사의 상태는 확정되어 있지 않다. 준접미사를 인정하는 학자들과 그렇지 않은 학자들 사이에 논란이 끊임없이 제기되고 있고, 그에 따라 준접미사는 조어이론서마다 다르게 기술되어 있어 혼란을 불러일으킨다. 준접미사를 인정하지 않는 학자들은 합성어와 파생어의 경계설정에 대한 일정한 기준을 제시하여 준접미사를 합성성분이나 파생형태소 어느 한쪽으로 분류시키려고 하며, 이에 해당하는 학자들은 G. Kramer, F. Holst, H. Vater, S. Olsen 등이다. 그에 반해 준접미사를 인정하는 학자들로는 W. Fleischer, H. Wellmann, J. Erben, B. Gersbach, J. Vögeding, B. Naumann 등이 있으나 이들도 나름대로 각자 서로 다른 기준들로 준접미사의 개념과 범주를 규정하고 있기 때문에 준접미사에 대한 혼란은 더욱 가중된다.

준접미사를 합성성분이나 파생형태소 가운데 어느 한쪽으로 구분

용한다. Kühnhold / Putzer / Wellmann(1978), Erben(1993) 등은 준접미사를 'Suffixoid'로 표기하고, Vögeding(1981), Holst(1974) 등은 'Halbsuffix'로 표기한다. 그러나 용어 선택의 이유에 대한 언급은 없다.

하려는 학자들이 있다. 그러나 합성어와 파생어 사이의 연속관계를 부정하기는 어렵다. 다시 말해서 어떤 형태소가 합성성분에서 어느 날 갑자기 파생형태소로 변하는 경우는 있을 수 없으며, 그것은 언어의 근본적인 특성상 서서히 변화하면서 진행되는 것이다. 따라서 합성어에서 파생어로 이르는 과정에 과도기(Übcrgangszone)는 존재하며, 이에 해당하는 것들을 편의상 준접미사로 볼 수 있다. 이러한 전이현상으로서의 준접미사는 언어가 끊임없이 변화하고 있음을 분명하게 보여주는 증거이기에 더더욱 흥미를 끄는 것이다. 최근의 수많은 조어이론서에서도 준접미사의 문제는 빠짐없이 등장하고 있다. 그만큼 연구도 활발하다고 볼 수 있다. 그러나 앞서 언급한 문제들로 인하여 준접미사는 조어이론상에서 많은 혼란을 불러일으키는 요인이 되고 있으며, 아직까지 정확한 분석을 통해 조사된 기준이나 정확한 상(Vorstellung)이 결부되어 있지 않음으로 해서 준접미사에 대한 어떠한 통일된 기준도 없는 상황이다.

이에 본 연구의 연구 목적은 이렇듯 여러 학자마다 상이하게 주장하고 있는 준접미사의 기준들을 살펴보고 공통적인 준접미사의 기준을 설정하여 그 개념을 규정해 보고자 하는 데 있다. 즉 준접미사는 무엇인가? 어떤 점에서 이들은 독립적인 합성성분과 구별되고, 또 접미사와 구별되는가? 또한 준접미사는 어떠한 형태적, 의미적 특성을 지니는가? 이를 밝히고자 하는 것이 본 연구의 주된 논점이다.

1.3 연구 방법

조어 이론가들은 대개 합성어의 두 번째 구성성분이 빈번하게 사용되다가 점차 접미사에 이르게 된다고 보고 있나. 이에 대한 근거는 실제로 앞서 제시한 ―heit와 같은 접미사들에서 분명하게 찾아볼 수 있다. 즉 독립된 형식에서 의존적인 형식으로의 역사적 발전은 오늘날 독일어에서 어렵지 않게 그 자취를 더듬어 볼 수 있다. 그러나 그와 반대로 의존적인 형식에서 독립적인 형식으로 발전한 예는 찾을 수 없으므로, 이러한 전이 과정은 일방적인 성격을 지닌다.

준접미사 역시 이러한 일방적인 성격을 가지고 합성성분에서 접미사로 진행하게 된다. 그러나 그 발전 과정은 비교적 오랜 기간에 걸쳐서 점차적으로 이루어지기 때문에 공시적 조어 여건 속에서 중간단계에 이르게 된다.

본 연구에서는 이러한 중간단계에 있는 준접미사를 공시적 입장에서 고찰해 보고자 한다. 준접미사는 특히 독립적인 기능과 의존적인 기능을 동시에 가지고 있는 것들인 만큼 공시적 입장에서 그 기능적인 분류를 시도해 볼 수 있다. 여기에는 형태적, 의미적 기준에 따른 분류가 해당될 것이나 특히 의미적인 면에서 정확한 분류가 가능한지에 대한 또 다른 문제가 제기될 수 있다. 그것은 의미론의 공시적인 경계설정의 어려움에 그 원인이 있다고 봐야 할 것이다.

본 연구는 1장 서론과 6장 결론을 제외하고 총 4장의 본론(2장

－5장)으로 이루어진다.

2장에서는 우선 준접미사들에 대한 학자들의 기준을 W. Fleischer (1975), I. Kühnhold / O. Putzer / H. Wellmanna(1978), G. Urbaniak (1983), M. D. Stepanowa(1985), B. Naumann(1986), Duden－Grammatik(1998)을 중심으로 살펴보고 그 각각에 공통되는 기준들을 도출하여 새로운 준접미사의 기준을 설정해 본다.

3장에서는 준접미사들의 형태적인 면을 E. Mater(1983)의 '역순사전(Rückläufiges Wörterbuch)'에 나타난 어휘들을 중심으로 기저어의 품사와 조어구조 및 결합소의 특성을 조사하여 비교해 봄으로써 준접미사의 형태적 특성을 살펴본다.

4장에서는 2장에서 제시한 기준들을 근거로 제한된 준접미사들을 대상으로 하여 이들을 동음의 자립형태소와 비교해 봄으로써 준접미사의 의미적 특성을 살펴본다.

5장에서는 준접미사의 실제적 적용범위를 알아보고자 독일의 대표적 시사잡지인 'Der Spiegel'을 일정 기간에 걸쳐 조사해 본다. 조사는 2003년 1월부터 6월까지 출간된 슈피겔지(Nr.1－27)의 분야별 기사 가운데 정치(Politik), 경제(Wirtschaft), 학술(Wissenschaft), 문화(Kultur), 광고(Anzeige) 등 5개 항목을 대상으로 이루어진다.

Ⅱ. 준접미사의 개념규정

독일어의 주요 문법서인 Duden‑Grammatik에 제시된 준접미사
의 정의를 옮겨 보면 다음과 같다.

준접미사: 독립적인 단어와 비독립적인 접미사 사이의 조어요소
Halbsuffix: Wortbildungselement zwischen unselbständigem Suffix
und selbständigem Wort[6]

이와 같은 정의와 유사하게 Fleischer를 비롯한 많은 학자들은
일반적으로 합성성분이나 접미사 어느 쪽으로도 분명하게 분류하
기 어려운 조어 요소들을 준접미사로 간주한다. 그들은 합성성분
에서 접미사로 전이되는 과도기에서 준접미사의 위치를 찾으려 한
다. 그러나 준접미사의 범주와 조어자료에 있어서는 학자들마다
상이한 입장을 보이는데, 그것은 과도기의 경계설정에 따른 차이
때문이다. 즉 합성성분과 준접미사, 준접미사와 접미사의 경계설정
에 대한 기준이 학자들마다 다르기 때문에 경우에 따라서는 동일
한 형태소가 합성성분이나 준접미사, 또는 접미사로 서로 상이하
게 구분되기도 한다.

---

6) Duden‑Grammatik, 1998, S. 863.

〈표-1〉[7]

	합성성분	접미사	준접미사
—freudig	Grebe 1966, 308	Lipka 1966, 15	-----------
—fähig	Lipka 1966, 58	Grebe 1966, 368	Willmanns 1899, 557 Henzen 1957, 33
—los	Naumann 1972, 60	Siebert 1968, 141 Zepic 1970, 108	Willmanns 1899, 557 Paul 1920, 108 Henzen 1957, 33
—voll	Zepic 1970, 108 Naumann 1972, 60	Siebert 1968, 141	Willmanns 1899, 557 Paul 1920, 108 Henzen 1957, 33
—selig	Lipka 1966, 15	Jung 1966, 434	Henzen 1957, 33

일반적으로 조어론에서 준접미사라는 용어는 이미 용인되어 있음을 많은 문헌에서 볼 수 있지만, 그에 대한 일관되고 보편타당하다고 인정되는 정확한 기준은 없다. 다음에서는 학자들의 준접미사에 대한 다양한 견해들을 살펴보고 그들 가운데 가능한 공통분모를 모색해 보고자 한다. 여기서 선별한 학자들의 순서는 연구의 전통과 새로운 성향을 알아볼 수 있도록 연대순으로 한다.

---

7) Holst, 1974, S. 83.

2.1 준접미사에 대한 다양한 견해

2.1.1 W. Fleischer(1975)

Fleischer는 원칙적으로는 조어의 유형을 크게 합성어와 파생어로 분류하고 싶어 한다. 그는 일반적으로 다른 학자들이 제시하는 준접미사의 개념을 동음이의어의 현상으로 간주하여 그 범주를 축소시켰다. 그는 Pflanzenwerk와 Schreibzeug 같은 구조에서 두 번째 구성성분이 자립명사인 Werk, Zeug와 외형적으로 일치한다는 이유로 해서 사람들이 이들을 파생어에 가까움에도 불구하고 합성어로 이해하려고 한다는 점과 hoffnungslos와 같은 경우에 두 번째 성분인 −los가 자립적인 단어로 존재하고, 어느 정도 기계적으로 그룹화되어 사용되는 이유로 해서 '경계현상(Grenzerscheinung)'이라 간주한 Henzen(1965, 209)의 주장을 예로 들면서, 이러한 외형적 관찰은 잘못임을 지적한다. Fleischer는 그와 관련해서 다음과 같이 말하고 있다.

동음이의적 형태의 자립어를 가지는 일련의 '전형적인' 접사들이 있다. 그렇다고 해서 전통 조어론에서는 그것들의 접사성격을 의심하는 것은 생각조차 하지 않았는데, 그 이유는 그에 해당하는 형태소들은 완전히 어원이 다르기 때문이다. das Ei와 Auskunft−ei에서의 /ei/, der Schaft와 Freund−schaft에서의 /schaft/, 그리고 대명사 er와 Lehr−er에서의 /er/가 그에 해당하는 예들이다. 동음이의어들은 존재한다. 그러나 동음이의어들은 어원이 다른 단어들(또는 형태소들)에서뿐만 아니라, 의미 차이가 아주 심한 경우에는 하나의 동일한 요소에서도 생겨난다(Messe '구교의 미사'와 '산업

박람회'). 그것이 자립적인 형태소와 단어들에 적용된다면, 우리는 파생 형태소에도 이러한 가능성을 인정해야만 한다. Laubwerk와 자립명사인 Werk에서의 /werk/는 의미적으로 너무 심한 차이를 보이기 때문에 더 이상 동일한 것으로 볼 수 없다. 음성형태만으로 동일성에 대해 말할 수는 없다.[8]

즉 그에 따르면 자립형태소 Zeug는 명사로서 '짜여진 직물(gewebte Stoffe)', 또는 일반적으로 경멸적인 표현을 지닌 '대상(Gegenstand)'과 '발화(Äußerung)'를 의미한다. 그에 반해 의존적으로만 나타나는 형태소 −zeug는 집합명사(z.B. Schreibzeug, Schuhzeug)나 집합의 의미가 없는 기구명칭(z.B. Fahrzeug, Flugzeug)을 형성하는 접미사이다. −zeug의 이러한 두 가지 경우는 모두 어떤 직물을 의미하지도, 경멸적인 표현도 아니다. 따라서 자립형태소 Zeug와 접미사 −

---

8) "Es gibt eine ganze Reihe alter 'klassischer' Affixe, die eine homonyme Form als freies Wort haben, ohne daß man in der traditionellen Wortbildungslehre deshalb auf den Gedanken gekommen wäre, ihnen den Affix−Charakter abzusprechen. Man hat das nicht getan, weil es sich um Morpheme ganz unterschiedlicher Etymologie handelt, vgl. z.B. /ei/ in *das Ei* und *Auskunft−ei*, /schaft/ in *der Schaft* und *Freund−schaft*, /er/ in dem Pronomen *er* und *Lehr−er*. Es liegen Homonyme vor. Homonyme entstehen aber nicht nur aus Wörtern(oder Morphemen) unterschiedlicher Etymologie, sondern — bei starker Bedeutungsdifferenzierung — auch aus ein und demselben Element, vgl. z.B. *Messe* 'katholischer Gottesdienst' und 'Industrieausstellung'. Wenn das für freie Morpheme und Wörter gilt, muss man diese Möglichkeit auch den Ableitungsmorphemen zubilligen. /werk/ in *Laubwerk* und in dem freien Substantiv *Werk* ist eben nicht mehr dasselbe, da in der Bedeutung zu stark differenziert. Die Lautform allein berechtigt uns nicht dazu, von Identität zu sprechen."(Fleischer 1975, S. 68.)

zeug는 동음이의어적 형태소라는 것이다. /werk/에서도 상황은 비슷하다. 자립형태소 Werk는 명사로서 '제작품'을 의미하고, 구속형태소 -werk는 특히 집합명사(Kollektiva)를 형성하는 데 쓰인다는 것이다.

보기)	Backwerk	=	Gebäck
	Buschwerk	=	Gebüsch
	Laubwerk	=	Röhricht
	Mauerwerk	=	Gemäuer
	Triebwerk	=	Getriebe

이 밖에도 Fleischer는 Wesen과 -wesen 그리고 Gut과 -gut도 동일한 예로 제시하며, /los/의 경우에도 동일한 현상이 나타난다는 것을 설명한다. 즉 /los/는 자립형태소로 나타나기도 하고 다른 조어 성분과 결합하여 구속형태소로 나타나기도 한다. 우선 자립형태소로서의 /los/는 명사 Los로 나타나거나 부사로 사용되고(z.B. Der Hund ist los), 구속형태소로서의 /los/는 형용사를 만드는 파생형태소로서 '기저내용의 부재'(z.B. lieblos 'ohne Liebe')라는 의미를 나타내거나 동사의 접두사로 나타난다(z.B. losfahren). 따라서 이러한 네 개의 형태소는 단지 동음이의어로서 동일한 외형을 갖는다는 이유만으로 공통의 값을 지닌다고 할 수 없다는 것이다.

Fleischer는 자립형태소가 파생형태소, 즉 접미사로 되기 위한 조건을 다음과 같이 네 가지로 제시하고 있다.

1) 두 번째 직접구성성분은 강하게 계열이 형성되어 있어야 한다. 따라서 Heimstatt, Werkstatt, Wohnstatt에서 /statt/와 같은 경우는

여기에 해당되지 않는다.[9]

　2) 두 번째 직접구성성분의 의미는 자립형태소의 의미에 반해 더 강하게 보편화되어 있고, 상당히 탈구체화되어 있다.[10]

　3) 두 구성성분의 의미관계에서 추이가 나타난다. 예를 들어 한 정합성어로 간주될 수 있는 Hydrierwerk에서 -werk는 '기본어'로서 '공장'이라는 의미핵을 지닌다. Hydrier-는 보충적인 규정어이고, Hydrierwerk는 'Werk'이다. 첫 번째 구성성분은 '삭제될 수' 있으며, 두 번째 구성성분은 '결합이 가능한 모든 사태에 적용될 수 있다'. 그렇지만 Laubwerk, Pflanzenwerk의 구조에서는 첫 번째 구성성분이 의미핵을 지닌다. 즉 Laubwerk는 'Werk'가 아니라 'Laub'이다.[11]

　4) 동음이의어들의 경우에 보편적인 것처럼 자립적인 사용이 제한되면서 동음이의어 관계를 제거하려는 경향이 있으며, 그것은 /zeug1/[12]과 /los1/[13]의 경우에 해당한다.[14]

---

9) "Die zweite unmittelbare Konstituente muß in starkem Maße reihenbildend geworden sein. Ein Fall wie /statt/ in *Heimstatt, Werkstatt, Wohnstatt* ist nicht hierherzustellen."(ebd., S. 69.)

10) "Die Bedeutung der zweiten unmittelbaren Konstituente ist gegenüber der Bedeutung des freien Morphems stärker verallgemeinert, weitgehend entkonkretisiert."(ebd.)

11) "Im Bedeutungsverhältnis der beiden Konstituenten ist eine Verschiebung eingetreten. In der Konstruktion *Hydrierwerk* z.B., die als Derterminativkompositum zu betrachten ist, trägt -*werk* als "Grundwort" den semantischen Kern 'Fabrik'. *Hydrier*- ist zusätzliche Bestimmung, ein *Hydrierwerk* ist ein 'werk'. Die erste Konstituente ist "weglaßbar", und die zweite Konstituente "kann auf alle Sachverhalte angewendet werden, für die die ganze Verbindung gilt". In den Konstruktionen *Laubwerk, Pflanzenwerk* jedoch trägt die erste Konsituente den semantischen *Kern; Laubwerk* ist kein 'Werk', sondern 'Laub'."(ebd.)

12) /zeug1/은 자립형태소 das Zeug를 의미함.

13) /los1/은 명사 Los와 부사 los와 같은 자립형태소를 의미함.

이 네 개의 기준은 다른 학자들에 의해 많은 문헌에서 어떤 형태소를 합성성분이나 접미사로 분류하기 위한 기준으로 제시되었다. 그러나 Fleischer가 전적으로 접미사에 대해 제안한 이 네 개의 기준들이 일련의 문헌에서 부분적으로 준접미사의 자질로 간주됨으로 해서 접미사의 기준으로 제시한 그의 의도와는 달리 준접미사의 기준으로 이용되는 혼란을 야기하기도 하였다.15) 그러나 그가 제시한 이러한 기준은 많은 학자들이 준접미사의 개념을 규정하려는 시도에 중요한 토대가 되었다는 점에 있어서 의미가 있다고 할 수 있다.

그러나 Fleischer는 모든 요소들이 위에서 제시한 네 개의 기준에 따라 합성어와 파생어로 분명하게 양분될 수 있는 것은 아니라는 점을 언급하면서 합성성분과 접미사 사이에 광범위한 전이지대가 있다는 사실을 부인하지 않는다.16) 따라서 그는 합성성분과 접미사

---

14) "Wie bei Homonymen allgemein, so besteht eine Tendenz zur Beseitigung der Homonymie, indem der freie Gebrauch eingeschränkt wird, so z.B. bei /zeug1/ und /los1/."(ebd.)

15) Hansen / Hartmann, 1991, S. 67.

16) 이러한 설명으로 결합성분과 접사 사이의 폭넓은 전이지대가 부인되는 것은 아니다. 모든 요소가 언급된 기준들에 따라서 분명하게 어느 한 그룹으로 분류될 수는 없다. 예를 들어 −*leer*(*luft* −, *inhaltsleer*)와 −*voll*(*gedanken* −, *niveauvoll*). 이러한 영역에서는 준접사(준접미사, 준접두사)라는 용어가 가장 적당하겠다.

"Mit diesen Darlegungen ist die Tatsache einer breiten Übergangszone zwischen Kombinationsglied und Affix nicht geleugnet. Nicht jedes Element läßt sich nach den genannten Kriterien klar in die eine oder die andere Gruppe einordnen, vgl. z.B. −*leer*(*luft* −, *inhaltsleer*) und −*voll*(*gedanken* −, *niveauvoll*). Man arbeitet in diesem Bereich am besten mit den Termini Affixoid(Suffixoid, Präfixoid)."(Fleischer 1975, S. 70.)

의 양쪽 범주로 분류하기 어려운 모든 구성성분을 준접미사로 간주한다. 그러나 이러한 준접미사의 입장에 대해 Fleischer는 다소 일관되지 못한 점을 드러낸다. Fleischer는 형용사조어에서는 −arm, −frei, −leer, −reich, −voll 등을 비롯하여 다수의 형용사조어 성분들을 분명히 합성어와 파생어의 전이지대에 있는 것으로 보았고, −los의 경우는 접미사라 분류하였다. 그러나 명사조어에서 그의 입장은 모호하다. 즉 그는 −gut, −werk, −wesen, −zeug를 각각의 자립형태소와 상이한 의미차이로 인해 동음이의적 현상인 접미사라 간주하였다.

> 우리는 일정한 구조의 두 번째 구성성분 −gut, −werk, −zeug, −wesen을 접미사로 간주한다.[17] 그러나 동시에 Fleischer는 이들 네 개의 형태소들에 대해 다음과 같이 언급하였다. −gut, −werk, −wesen, −zeug 가운데 −wesen은 분명히 접미사 성격을 나타내고 동음이의적 자립형태소, 즉 명사 Wesen과의 차이가 가장 뚜렷하다. 반면에 −gut은 자립형태소 Gut과의 차이가 가장 적다. −werk와 −zeug는 그 중간이다.[18]

여기에서 Fleischer가 말하는 '차이'란 의미적인 차이를 나타내는데, 그가 언급한 바와 같이 가장 적은 차이라든지, 가장 뚜렷한

---

17) "Wir betrachten die zweiten Konstituenten *−gut*, *−werk*, *−zeug* und *−wesen* in bestimmten Konstruktionen als Suffixe."(ebd., S. 175.)

18) "Von den hier behandelten Ableitungselementen hat *−wesen* sicherlich den Suffixcharakter und die Differenzierung zum homonymen freien Morphem am stärksten ausgeprägt, während das bei *−gut* am wenigsten der Fall ist. Dazwischen stehen *−werk* und *−zeug*."(ebd., S. 178.)

차이와 가장 적은 차이의 중간이라는 식의 표현은 의미적 기준으로 볼 때 매우 애매한 것이라 볼 수 있다.

그 밖에도 Fleischer는 준접미사에 대한 개념을 설명하면서 프라그 학파의 중심부(Zentrum)와 주변부(Peripheric)라는 개념을 차용하였다. 즉 언어 요소들의 부류는 분명한 경계를 그을 수 있는 '상자'가 아니라, 긴밀한 핵(중심부)과 산만한 주변부로의 점층적인 전이를 하는 구성물이며, 결국 준접미사는 이러한 중심부에서 주변부로 전이되는 것이라는 설명이다. 이러한 전이를 분명하게 보여주는 예로는 다음과 같은 것들이 제시되었다.

> 명사: Schnellzug – Schauplatz – Arbeitsstätte – Schulwesen –
> Freundschaft – Schreiber

> 형용사: schneebedeckt – wertvoll – kugelförmig – musterhaft –
> sonnig

그에 의하면 이러한 요소들 가운데 특정한 요소들은 점차로 완전한 접미사에 이르러, 이러한 전이지대에 고정적으로 속하지 않게 되므로, 동음이의관계 개념으로 설명해야 한다는 것이다. 그러나 위의 예들은 합성성분에서 완전한 접미사에 이르기까지의 단계를 보여주는 것일 뿐, 이를 통해 준접미사를 설명하기에는 부족하다. 준접미사를 중심부와 주변부의 개념을 빌려 설명하려면 이보다는 오히려 다음과 같은 예가 적당할 것으로 보인다.

> 보기) Staatsgut – Mahlgut – Heeresgut – Gedankengut

위의 예에서 Staatsgut은 '국유지' 또는 '국유재산'의 의미로서 이 경우 두 번째 구성성분 −gut은 자립형태소 Gut의 의미 가운데 '토지'나 '재산'의 의미와 일치하고, 복수 역시 Staatsgüter로서 자립형태소의 복수형과 일치함으로 해서 Staatsgut은 합성어이며 −gut은 합성성분이라 볼 수 있다. Mahlgut은 '가루로 빻는 곡물'을 의미하며 이것은 자립형태소 Gut의 의미 가운데 '재료'와 일치한다. 그러나 복수형이 없기 때문에 선행된 예와 차이가 나고 여기에서부터 집합명사로 향하는 흔적을 찾을 수 있다. Heeresgut은 '군수품 전체'의 의미로서 이것은 아예 '전체(Gesamtheit)'의 의미를 지니고, 복수형이 없기 때문에 자립형태소에서 보다 더 멀어져 있다. 그러나 '물품'을 의미하는 것에 있어서는 여전히 자립형태소와의 연관성이 남아 있다. 그러나 Gedankengut '전체사상'에서의 −gut은 물질적인 의미만을 나타내는 자립형태소와 더더욱 차이가 나고, 역시 복수형이 없는 집합명사라는 점에서 더 이상 합성어라 보기 어렵다.

2.1.2 I. Kühnhold / O. Putzer / H. Wellmann(1978)

'Deutsche Wortbildung'의 '3. Das Adjektiv'에서 저자들은 준접미사에 대해 다음과 같이 말하고 있다.

> 일정한 합성성분들이 평소에 접미사라 인정되는 기능의 표현형식으로 다소간 작용하기 때문에 파생어와 합성어 사이의 뚜렷한 경계설정이 거의 가능하지 않은 것처럼 보인다.[19]

---

19) "Da bestimmte Kompositionsglieder mehr oder weniger schon als Ausdrucksformen von Funktionen wirken, die sonst eher von Suffixen wahrgenommen werden, scheint eine scharfe Grenzziehung

여기에서 저자들의 주요 관심사는 준접미사와 접미사의 경계설정이 아니라 준접미사와 분명하게 구분하기 어려운 합성성분들과의 경계설정이다. 그 때문에 Fleischer에 의해 제시된 접미사들의 사질과는 부분직으로 다른 깃들이 제시되고 디음과 같은 자질들이 동시에 나타날 때에야 비로소 준접미사의 지위가 완성된다고 보고 있다.

1) 계열을 형성하며 존재함[20]

2) 접미사와 유사한 기능[21]

3) 접미사들과의 상보적 상호작용과 동일한 기저어의 경우에는 때에 따라 차이 없는 경합[22]

4) 음성상 동일하고 독립적으로 나타나거나 합성어의 기본어로 나타나는 단순어의 내용가치와의 의미적 거리[23]

5) 두 번째 합성성분으로 사용되는 것에 비해 결합가능성의 변화 및 제한. 그 때문에 준접미사는 접미사와 마찬가지로 기저어의 첫 번째 성분 없이는 거의 사용될 수 없으며, 그것은 hautfreundliche Seife(nicht *freundliche Seife)와 같은 경우에서처럼 삭제실험을 통해 증명된다.[24]

---

zwischen Dervation und Komposition kaum möglich."(Kühnhold / Putzer / Wellmann, 1978, S. 427.)

20) "⋯⋯ reihenhaftes Vorkommen"(ebd.)

21) "⋯⋯ in mindestens einer suffixartigen Funktion"(ebd.)

22) "⋯⋯komplementäres Zusammenwirken mit Suffixen und bei basisgleichen Bildungen eventuell differenzloses Konkurrieren"(ebd.)

23) "⋯⋯semantische Entfernung vom Inhaltswert des lautgleichen — selbständig sowie als Grundwort einer Zusammensetzung vorkommenden — Simplex"(ebd.)

24) "Änderung bzw. Einschränkung der Kombinationsmöglichkeiten gegenüber der Verwendung als zweites Kompositionsglied. Daher

26

위의 조건들을 −reich의 경우를 들어 설명하면, 우선 −reich는 계열을 형성하는 특징을 가지고 있으며, −ig, −haft, −ös 등의 접미사들과 밀접하게 상호작용을 하고, −reich 혼자서는 관계어의 부가어일 수 없다. 예를 들어 der harzreiche Baum은 'reicher Baum'이 아니라 'Baum, der viel Harz hat'이며, die baumreiche Gegend는 'reiche Gegend'가 아니라 'Gegend, die viele Bäume hat'이다.25) 따라서 −reich는 위에서 제시된 조건들을 충족시키기 때문에 준접미사로 볼 수 있다는 것이다.

여기에서는 음성의 동일성과 외형적 일치에 관해서는 어떠한 특별한 언급도 하지 않았는데, 그러한 성질은 이미 발단에서부터 명백한 기본 조건이기 때문인 것으로 보인다. 위의 조건 가운데 1)번, 4)번, 5)번은 앞서 Fleischer가 제시한 접미사의 조건과 유사하다. 특히 1)번 '계열형성'의 조건은 Fleischer의 1)번 조건과 동일하며, 위의 4)번 조건은 Fleischer의 조건 가운데 2)번 '자립형태소에 비해 의미의 보편화 및 탈구체화'와 유사한 것이다. 또한 위의 5)번 조건은 Fleischer의 조건 가운데 3)번 '의미핵'의 개념과 유사하다. 그러나 그 밖에 위의 조건 가운데 2)번과 3)번은 다소간 개념이 모호하다. 즉 2)번의 '접미사와 유사한 기능'이란 실제로 접미사의 여러 기능 가운데 어떤 것을 의미하는지 정확한 언급이 없다. 그러나 Kühnhold / Putzer / Wellmann은 특히 준접미사를 의미 기능에 따라 분류한 것으로 미루어 볼 때, 접미사와의 유사한 기

kann ein Suffixoid ebensowenig wie ein Suffix ohne das Erstglied der Basis gebraucht werden, was die Weglaßprobe selbst in Fällen wie hautfreundliche Seife(nicht *freundliche Seife) erweist."(ebd.)

25) ebd., S. 430.

능이란 합성어의 두 번째 구성성분들이 일정한 의미기능으로 분배 되어지는 것을 지칭한다고 볼 수 있겠다. 그래서 예를 들면 두 번째 구성성분인 −reich, −voll, −stark, −schwer, −selig, −froh, −intensiv, −betont, kräftig와 schwanger는 'viel …… haben' 이라는 의미범주를 지닌 기능상태(Funktionsstand)로 한데 모아지게 되고, 이는 일정한 의미기능을 지니는 접미사의 성질과 유사하다는 것으로 볼 수 있다.26) 그 밖에 3)번 조건은 2)번 조건에 비해 더욱 불분명하다. '접미사들과의 상보적 상호작용과 동일한 기저어의 경우에는 때에 따라 차이 없는 경합'이란 말하자면 동일한 기저어와의 결합으로 접미사와 서로 경합을 벌인다는 의미로서, 이는 준접미사가 접미사와 경합을 벌이다 점차 접미사로서의 자리가(Stellenwert)를 얻게 된다는 개념으로 보인다.27) 그러나 이들은 준접미사와 경합을 벌이는 접미사에 대해서는 언급하지 않고 다만 준접미사들 사이의 경합 내지는 접미사들 사이의 경합만을 다루고 있다. 그 외에도 앞서 언급한 −reich 외에 다른 주요 조어이론서28)에서 나타나는 접미사와 경합을 하는 준접미사들 역시 다음과 같은 것들뿐이다.

　　보기) −fähig ≈ −bar

---

26) 이러한 2번 조건에 대한 부연설명은 Schmidt에 있어서도 일치한다.(Schmidt, 1987, S. 62.)

27) Erben(1993) 역시 준접미사의 조건으로 이와 유사한 개념을 제시한 바 있다. 그는 어떤 형태소가 준접미사의 부류에 속하기 위해서는 접미사의 체계 내에서 일정한 자리가를 유지해야 하며 이러한 성질을 준접미사의 체계구속성(Systemgebundenheit)이라 지칭하였다.

28) Duden−Grammatik(1998), Erben(1993), Fleischer(1975), Fleischer / Barz(1992), Schmidt(1987), Urbaniak(1983), Vater(1972).

$$-\text{voll} \quad \approx \quad -\text{haft}, \ -\text{ig}, \ -\text{isch}$$
$$-\text{werk} \quad \approx \quad -(\text{er})\text{ei}, \ \text{Ge}-\text{e}$$

위와 같이 동일한 기저어와 결합하면서 접미사와 경합을 벌이고 있는 준접미사들은 전체 준접미사들에 비하면 아주 일부분에만 해당된다. 따라서 접미사와의 경합관계 여부는 준접미사의 조건으로 적당치 않은 것으로 보인다.

2.1.3 G. Urbaniak(1983)

Urbaniak은 합성성분에서 접미사로의 전이는 점차적으로 완성되어 가며, 해당 합성성분은 마침내 완전한 접미사가 되기까지 부분적으로만 파생접미사의 성질을 지니고, 그에 따라 합성성분과 접미사 사이에는 폭넓은 전이지대가 존재한다고 보았다. 즉 두 영역 사이에는 분명한 경계가 없고 전이는 유동적이며, 이러한 전이지대에 속하는 것들을 준접미사라 규정하였다. 그는 어떤 형태소가 합성성분과 접미사의 전이지대에 있는지를 확인하는 것은 어감에만 의존할 수는 없으며, 그 형태소의 상태를 최소한 가깝게 규정하는 것을 가능하게 하는 객관적인 기준들이 있다고 보았다. 즉 합성성분은 그것이 계열을 형성할 경우, 다시 말해서 최초의 합성어와 매우 유사한 조어들이 생성될 경우에, 더 이상 합성성분이 아니다. 또한 파생형태소가 아직 독립적인 단어들로 존재할 경우에 이미 유추파생어(analogische Ableitung)는 시작할 수 있지만, 어떤 단어구조의 두 번째 부분이 더 이상 자립형태소로 존재하지 않을 때 유추 작용을 통해 또 다른 파생어들이 형성될 수 있다는 것이다. 이러한 최소한의 기준을 포함하여 Urbaniak은 준접미사를 결정하는 기준을 특히 /voll/을 예로 들어 다음과 같이 네 가지로 제시하였다.

> 1) 두 번째 직접구성성분으로서 voll은 현저한 정도로 계열이 형성되어 있다.[29]
> 2) 자립적인 형용사 voll의 의미에 비해 두 번째 직접구성성분으로서 ‒voll의 의미는 약화되었고, 보편화되었다.[30]
> 3) 두 직접구성성분의 의미관계에 있어서의 추이[31]
> 4) 접미사와의 상보적 상호작용과 때에 따라 동일한 기저어에서 파생된 파생어와의 차이 없는 경합[32]

Urbaniak은 /voll/ 형태소가 준접미사임을 위의 기준을 통해 증명하고자 했다.

우선 ‒voll로 끝나는 형용사들을 직접적인 구성성분으로 분해할 경우 형태소 /voll/은 모든 경우에 두 번째 직접구성성분으로 나타난다. 이러한 두 번째 직접구성성분으로서의 ‒voll은 광범위

---

29) "Als zweite unmittelbare Konstituente ist *voll* in beträchtlichem Maße reihenbildend geworden."(Urbaniak, 1983, S. 83.)

30) "Gegenüber der Bedeutung des freien Adjektivs *voll* ist die Bedeutung von ‒*voll* als zweiter unmittelbarer Konstituente abgeschwächt, verallgemeinert."(ebd.)

31) "⋯⋯ eine Verschiebung im Bedeutungsverhältnis der beiden unmittelbaren Konstituenten"(ebd.)

32) "⋯⋯ das komplementäre Zusammenwirken mit Suffixen und eventuelldifferenzlose Konkurrieren mit Ableitungen, die von gleicher Basis abgeleitet sind."(ebd.)

한 자료집(Materialsammlung)으로 보일 만큼 적지 않게 계열을 형성한다. 두 번째로 형용사 voll의 의미에 비해 두 번째 직접구성성분으로서의 −voll의 의미는 약화되고 보편화되어 있다. 즉 형용사 voll이 'ganz gefüllt', 'gefüllt(mit)'의 의미를 가지는 반면에 −voll은 의존된 형태에서 종종 기저어를 통해 지칭된 것의 단순한 존재(Vorhandensein)를 지칭하며, absichtsvoll 'mit Absicht'와 같은 것을 그 예로 들 수 있다. 접미사와 유사한 −voll의 세 번째 자질은 두 개의 직접구성성분의 의미관계에 있어서의 이동이다. 만일에 −voll로 끝나는 형용사가 합성어라면 그 합성어의 첫 번째 구성성분은 −voll을 더 자세하게 규정하고, 기본어로서의 −voll에 의미핵이 있어야 할 것이다. 그것은 의미적으로 무언가 결정적으로 변화하지 않고도 규정어를 생략하는 것이 가능해야 한다는 것이다. 그러나 그것은 −voll로 끝나는 형용사들에는 적용되지 않는다. 예를 들어 würdevolle Haltung은 'volle Haltung'이 아니라 'Haltung mit Würde'이다. 그에 비해 pechschwarze Augen은 'Augen wie Pech'가 아니라 'schwarze Augen'이나 'Augen, so schwarz wie Pech'이고, todkranker Mensch는 'toter Mensch'가 아니라 'kranker Mensch'이다. 즉 würdevoll에서 −voll은 합성어 pechschwarz에서의 schwarz와 합성어 todkrank에서의 krank와 같이 첫 번째 직접구성성분을 통해 더 자세히 규정되지 않으며, 그 구조의 주요 의미를 지니지 않는다. 그것은 단지 약화된 의미만을 가지고 첫 번째 직접구성성분과 결합하며, 그 첫 번째 직접구성성분은 의미적 관점에서 볼 때 단어구조의 핵이다. 따라서 −voll은 첫 번째 직접구성성분을 통해 지칭된 것의 존재만을 가리키는 기능만을 가진다는 것이다. Urbaniak은 접미사와의 상보적 상호작용과 동일한 기저어로부터 파생된 파생어와의 똑같은 경합을 준접미사의 네 번째 자질로 제시하였는데, 그는 이것 역시 준접미사 −voll에 해당한다고 보았다. 즉 −voll은 형용사 파생형태소의 체계 속에 있고, 부분적으로 동의이적인 파생접미사외 경합하고 있다는 것이다.

보기) ehrfurchtsvoll   ≈   ehrfürchtig
       kraftvoll   ≈   kräftig
       sehnsuchtsvoll   ≈   sehnsüchtig

이러한 기준은 네 번째 항을 제외하고는 Fleischer가 제시한 접미사의 기준과 일치한다. 네 번째 기준은 Kühnhold / Putzer / Wellmann의 3)번 조건과 동일한 개념으로 앞서 언급한 문제로 인하여 역시 준접미사의 조건으로 적합하지 않다. 즉 Urbaniak이 예로서 제시한 −voll은 일정한 접미사와 경합관계에 있지만 다른 대부분의 준접미사들은 아직까지 이러한 조건을 충족시키지 못한다.

2.1.4 M. D. Stepanowa(1985)

Stepanowa는 Fleischer와 함께 저술한 'Grundzüge der deutschen Wortbildung'에서 이전에 Fleischer가 그의 저서 'Wortbildung der deutschen Gegenwartssprache, 1975'에서 제시한 기준과 절충하여 다시 준접사의 문제를 다루고 있다. Stepanowa가 제시한 준접사의 기준은 다음과 같다.

1) 자립적으로 기능하는 단어의 어간과 반드시 외형적으로 일치해야 한다.[33)

2) 자립적으로 기능하는 단어의 어간과 어원론적으로 연관이 있어야 하며, 이때 아무런 친족관계도 아닌 어간과 우연히 음성적으로만 일치하는 것은 제외된다.[34]

3) 다소간 특징적인 계열형성을 해야 한다. 즉 단지 한 개의 단어에서가 아니라 여러 개의 단어들에서 사용이 나타나야 한다.[35]

4) 자립적으로 기능하는 단어와 의미적인 유사성이 있어야 한다.[36]

위의 네 개의 기준은 Stepanowa가 1979년 발표한 조어요소 사전[37]에서 제시한 준접사의 기준과 일치하는 것으로 특히 다른 기준들에 비해 어원론적인 연관에 대한 언급이 눈에 뜨인다. 이것으로 앞서 제시한 Fleischer의 동음이의적 형태소에 대한 개념은 보완된다.

Stepanowa는 위와 같은 준접사에 대한 기준 외에도 준접사의 경계설정을 하는 데 있어서 해결해야 할 근본적인 문제를 다음과

---

33) "die obligatorische formale Übereinstimmung eines Halbaffixes mit dem Stamm eines frei funktionierenden Wortes"(Stepanowa / Fleischer, 1985, S. 143.)

34) "die etymologische Verbindung des Halbaffixes mit dem Stamm eines freifunktionierenden Wortes, was eine zufällige lautliche Übereinstimmung mit einem nichtverwandten Stamm ausschließt" (ebd.)

35) "die mehr oder weniger ausgeprägte Serienbildung, d.h. die Verwendung eines Halbaffixes nicht in nur einem, sondern in mehreren Wörtern"(ebd.)

36) "die semantische Ähnlichkeit eines Halbaffixes mit einem freifunktionierenden Wort"(ebd.)

37) Vgl. Stepanowa 1979.

같이 두 가지로 제시하고 있다.

> 첫째, 준접사와 접사 사이의 경계는 어디에서 정해지는가? 즉
> 언제 준접사는 '완전' 접사로 되는가?
> 둘째, 준접사는 합성어의 구성성분과 어떻게 경계가 정해질 수
> 있는가?[38]

Stepanowa는 이에 대한 나름대로의 해답을 제시하고 있다. 먼저 준접사와 접사의 경계를 비교적 쉽고 간단하게 규정하고 있는 반면에, 준접사와 합성어의 구성성분을 규정하는 데에 있어서는 새로운 개념을 도입하여 해결하려 하고 있다.

우선 첫 번째 문제의 경우 Stepanowa는 준접사에서 접사로의 전이는 해당 기본 어휘소(Grundlexem)가 독립적인 단위로서의 상태를 잃었을 때 의심의 여지없이 나타난다고 보고, 그에 대한 예로 −heit, −schaft, −tum, −lich, −bar, −sam, −haft, −wärts 등을 들고 있다. 또한 준접사와 그에 대비되는 단어 사이에 더 이상 어떠한 의미관계도 없을 때, 역시 접사로의 전이가 일어나며, 그 둘은 어휘적인 동음이의어 관계가 된다고 보고, 그에 대한 예로 Kreuz와 kreuzbrav / kreuzfidel / kreuzarm을 들고 있다.

두 번째 문제의 경우에는 '빈번한 구성성분(häufige Konstituenten)'이라는 개념이 도입되는데, 이것은 Stepanowa의 조어요소 사전에서 처음으로 소개된 용어이다. '빈번한 구성성분'은 합성어의 구성성분으로서 눈에 띄는 의미변화 없이도 계열적으로 나타나는 것들을 일컫는다. H. Brinkmann은 그러한 합성어들을 분석할 때 '의미장(semantisches Feld)'의 개념을 전개하였는데, 예를 들어 'schmerz'는

---

38) Stepanowa / Fleischer, 1985, S. 144.

합성어의 두 번째 구성성분으로 나타날 때 '다양한 그룹으로 쪼개진 장(vielfach zergliedertes Feld)'을 보여준다. 즉 Zahn−, Kopf−, Hals−, Leibschmerzen은 의미장 'Schmerz, Erkrankung'에 속한다. 이러한 것은 '−arbeit'에도 동일하게 적용되는데, Handarbeit, Kopfarbeit와 같이 내부에 특정한 관계, 즉 도구적인(instrumental) 관계가 존재하는 합성어, 그리고 Landarbeit, Fabrikarbeit와 같이 구성성분들 사이에 또 다른 관계, 즉 장소적 관계가 존재하는 합성어는 모두 의미장 'Arbeit'에 해당한다는 것이다.[39]

Stepanowa는 독일어에서 그러한 유의 합성어는 수적으로 대단히 많다고 보고, 두 번째 성분이 −heim, −kreis, −lokal, −mittel 등인 합성어와 두 번째 성분이 −machen, −schreiben, −tun 등인 동사를 이에 속하는 예로 들고 있다. 그녀는 합성어의 많은 구성성분들이 상당히 보편화의 성향을 보이긴 하지만, 그렇다고 아주 다른 의미를 가지는 것은 아니라는 점을 지적하였으며 다음과 같은 기준으로 빈번한 구성성분과 합성성분, 그리고 빈번한 구성성분과 준접사의 경계를 설정하고 있다.

> 빈번한 구성성분은 계열을 형성하는 성격(이것은 종종 준접사들의 경우보다 더 뚜렷하다)과 그것들에 '의미장 형성'의 능력을 부여하는 보편적인 의미를 통해서 한정합성어의 보통의 구성성분들과 구분된다. 빈번한 구성성분은 상관적으로 자립해서 나타나는 어휘소에 비해 의미적인 변화가 없음을 통해 준접사들과 구분된다.[40]

---

39) ebd., S. 146.

40) "Von den gewöhnlichen Konstituenten von Determinativkomposita unterscheiden sich die häufigen Konstituenten vor allem durch ihren reihenhaften Charakter(der hier oft stärker ausgeprägt ist als

즉 Stepanowa는 합성성분 가운데 계열을 형성하는 것들을 빈번한 구성성분과 준접사로 세분하여, 자립적인 어휘소에 비해 의미 변화가 없는 것들은 빈번한 구성성분이고 자립어휘소에 비해 의미가 변화하는 것들을 준접사라고 규정히고 있다. 그러나 그녀는 빈번한 구성성분의 영역을 규정하고 경계를 정하는 것은 준접사의 영역을 규정하는 것만큼이나 어렵다는 점을 인정하면서 분명하게 말할 수 있는 것은 그것들이 계열을 형성하는 성격뿐이라고 말하고 있다.

> 빈번한 구성성분들의 영역을 규정하거나 경계를 설정하는 것은 준접사의 지대를 규정하는 것만큼이나 어렵다. 다만 그 성분들의 계열을 형성하는 성격만은 논쟁의 여지가 없다.41)

결국 빈번한 구성성분이라는 개념은 애초에 Stepanowa가 제시한 '계열형성'이라는 준접사의 기준을 좀 더 구체적으로 설명할 뿐, 그 자체의 경계설정의 어려움이 다시금 문제가 됨으로 해서 합성성분과 준접사의 경계설정을 위해 별 효용성을 보이지 못하고 있다.

---

bei den Affixoiden) sowie durch die allgemeine Bedeutung, die ihnen die Fähigkeit zur 'Feldbildung' verleiht. Von den Affixoiden unterscheiden sich die häufigen Konstituenten durch das Fehlen einer semantischen Veränderung gegenüber einem korrelativen frei vorkommenden Lexem."(ebd., S. 147.)

41) "Die Bestimmung bzw. Abgrenzung des Bereichs der häufigen Konstituenten ist jedoch mit nicht geringeren Schwierigkeiten verbunden als die Bestimmung der Zone der Halbaffixe(Affixoide). Unumstritten ist allen ihr serienbildender Charakter."(ebd.)

2.1.5 B. Naumann(1986)

Naumann은 준접사를 합성어와 파생어 사이의 전이단계로 간주하고 있다. 그는 Fleischer의 접미사 기준을 적용해서 −arm이 준접미사임을 설명하고자 했다.

> 합성어와 파생어 사이에는 일방적인 관계가 성립한다. 즉 합성성분이 특이한 상황에서 언어 진화가 진행되는 중에 접사가 될 수는 있어도 그 반대의 경우인 접사에서 합성성분이 될 수는 없다. 합성성분과 접미사 사이의 전이 단계를 가리키는 말로 'Halbsuffix' 또는 'Suffixoid'를 사용한다.[42]

기본적으로 언어는 꾸준히 변화하는 과정을 거치는데, 합성어의 경우에도 이러한 변화과정에 상응하여 특정부분이 접사의 기능을 가지게 되어 새로운 파생형태소가 생기고, 그 연계상에서 준접사의 위치를 찾을 수 있다는 것이다. 그는 이와 같이 합성어 성분에서 접미사로 넘어가는 전이의 예로 −arm을 들고 있는데, 이를 설명하기 위해 Fleischer가 제시한 접미사의 성격을 제시한다. 즉 강한 계열형성, 의미의 탈구체화, 의미핵이 첫 번째 구성성분에 있어야 한다는 세 가지 기준에 −arm을 적용시켰다.

---

42) "Zwischen der Komposition und der Derivation herrscht eine unilaterale Beziehung, d.h. aus Kompositionsgliedern können unter bestimmten Umständen im Laufe der sprachgeschichtlichen Entwicklung Affixe werden, nicht jedoch umgekehrt aus Affixen Kompositionsglieder. Zur Bezeichnung von Übergangsstufen zwischen Kompositionsglied und Suffix benützt man in neuerer Zeit die Termini 'Halbsuffix' oder 'Suffixoid'."(Naumann, 1986, S. 92.)

즉 −arm이라는 형태는 계열형성적이다. 그리고 거기에는 긍정적으로도 평가되고 부정적으로도 평가될 수 있는 의미 구분의 징후들이 존재하는데, 이 점이 −arm을 접미사로 간주하게 한다. 이것으로 −arm으로 끝나는 형용사들은 Fleischer의 처음 두 기준을 명백하게 충족시킨다는 것이다. 아울러서 세 번째 기준 역시 부분적으로 충족시키는데, −arm으로 끝나는 형용사의 둘째 구성요소의 의미는 다른 합성어에서처럼 전체 의미를 대변하지 않는다는 점에서 그렇다. 예를 들어 tonnenschwere Last '여러 톤 무게의 짐'은 동시에 schwere Last '무거운 짐'이기도 하지만, knitterarmes Kleid '구김살이 안 가는 옷'은 armes Kleid '남루한 옷'은 아니다. 따라서 −arm의 구조는 의미핵이 첫 번째 구성성분에 있다는 Fleischer의 세 번째 기준을 충족시킨다는 것이다. 또한 Naumann에 의하면 −arm은 형용사접미사 −ig, −isch, −lich 등과 같은 구속조어형태소(gebundenes Bildungsmorphem)가 아니며, 독립형태로 출현할 수 있는 핵 형태소, 즉 하나의 형용사이고, 명사와 결합한 대부분의 합성어에서는 그 의미가 핵 형태소일 때와 별 차이를 보이지 않는데, 이 점이 −arm으로 끝나는 형용사를 한정합성어로 보게 한다는 것이다. 따라서 Naumann은 이런 중간상태를 일컫는 명칭인 '준접사'가 여기에서는 전적으로 타당한 것이라 볼 수 있다는 것이다.

그는 이러한 중간단계를 독자적인 용어로 부를 것인지의 여부는 결국 각자 취향에 따른 문제라고 말하고 있다.

우리가 이러한 중간단계를 독자적인 용어로 부를 것인지의 여부는 결국 개인적 취향에 따른 문제이다. 이러한 중간단계를 독자적인 용어로 부를 필요가 없다 해도 맞는 말이다. 그러나 독자적인 용어로 부를 수 있다고 해도 의심할 여지없이 맞는 말이다. 왜

냐하면 언어학의 다른 영역에서도, 예를 들어 대개 전이현상들이 많이 존재하는 품사들을 명명할 때에도 그렇게 하기 때문이다. 즉 '형용사-부사', '대명사적 부사', '전치사적 부사', '접속사적 부사', '문장등가어' 등의 표현들은 해당 단어들이 가지는 다기능성을 용어로 나타내기 위한 것들이다. 이미 오래 전부터 사용되는 문법 용어인 '동명사' 역시 마찬가지이다.[43]

Naumann의 말처럼 준접사의 개념과 아울러서 그 용어의 사용 여부 역시 학자들에 따라 다르다. 실제로 준접사의 존재는 인정하면서도 그것을 독자적인 용어로 규정하기를 주저하는 학자들도 있다. 물론 수많은 언어적 현상들에 대하여 무조건적으로 독자적인 용어를 부여할 필요는 없다. 그것은 자칫 용어상의 과다함으로 인하여 언어학에 있어서 더욱 복잡한 양상을 초래할 수도 있을 것이다. 그러나 준접사와 같은 전이현상들은 언어가 끊임없이 변화하고 있음을 분명하게 보여주는 것으로서 이런 현상들이야말로 언어학을 흥미롭게 하는 영역에 속해 있다. 따라서 준접사의 용어를 포기하는 것은 이러한 흥미로운 영역을 기존 용어에 부쳐 그 가치를 축소시킬 수 있으므로 바람직하지 않다고 볼 수 있다.

---

43) "Ob man dieses Zwischenstadium mit einem eigenen Terminus belegt oder nicht, ist leztlich Geschmacksache, man muss dies nicht, das ist richtig, aber man kann dies durchaus, das ist unzweifelhaft ebenso richtig, denn in anderen Bereichen tut man dies in der Sprachwissenschaft ja auch, etwa bei der Bennenung von Wortklassen, wo es ebenfalls zu vielen Übergangserscheinungen kommt. Hier werden Ausdrücke wie 'Adjektiv-adverbien', 'Pronominaladverbien', 'Präpositionaladverbien', 'Konjunktionaladverbien', 'Satzäquivalente' verwendet, um Polyfunktionalität auch terminologisch zu fassen. Schon der sehr alte Grammatikterminus 'verbum substantivum' war so eine Konstruktion."(Naumann, 2000, S. 51.)

2.1.6 Duden-Grammatik(1998)

Duden-Grammatik(이하 DG)에서는 준접미사를 지닌 조어들을 합성어와 파생어의 전이지대에 있는 섯들로 산주하었으며, 준접미사란 Laubwerk처럼 외형적으로는 합성어와 같이 작용하나 내용상으로는 더 이상 독립적인 두 단어의 결합으로 설명될 수 없는 것이라 규정하였다. 또한 평소 언어 사용에서 지니는 의미를 더 이상 가지지 않는 두 번째 성분은 접미사와 유사한(suffixartig) 성격을 띠게 되는 과정 중에 있다고 설명하고 있는데, 예를 들어 'lauffreudig'를 바꿔 쓰기(Paraphrasierung)하면 'läuft gern'으로 되며, 여기서 freudig는 나타나지 않는다는 것이다. 똑같은 것이 kritisierfreudig, denkfreudig에도 적용되며, 여기에서 두 번째 구성 성분인 -freudig는 자립적으로 쓰이는 의미인 '기뻐하는, 즐겁게 해 주는'의 의미보다는 부사적 의미 'gern'을 지니게 되었다는 것이다. DG에서는 이러한 조어방식이 특히 자주 등장하는 것은 광고언어에서이며, 이는 인간의 특성을 표현하는 형용사들이 오늘날 광고언어에서 증가하고 있고 조어의 두 번째 성분으로서 사물의 특성을 표현하는 것으로도 전이되고 있는 영향으로 보고 있다.

보기) rieselfreudiges Salz
    hautfreundliche Wäsche
    gebrauchstüchtige Anzüge

또한 그러한 형용사들의 의미는 출발형용사(Ausgangsadjektive)의 의미와 더 이상 일치하지 않게 되며, 이로써 그 형용사들은 준접미사의 지위를 얻게 된다는 것이다.

DG에서는 합성어와 파생어의 전이지대에 있는 모든 것을 준접사로 규정하고 있는데, 특히 준접미사의 경우 외형적으로는 합성어의 두 번째 구성성분처럼 보이지만 그것이 자립어로서의 고유의 미를 상실하여 접미사와 유사한 성격을 지니게 될 때 그와 같은 전이지대에 놓이게 된다고 보고 있다. 이는 결국 Fleischer의 관점과 유사한 것으로 볼 수 있겠다. 그러나 Fleischer가 Laubwerk처럼 외형적으로는 합성어처럼 보이지만 −werk가 자립어로서의 의미를 상실하였으므로 접미사로 보아야 한다고 주장한 반면, DG에서는 Laubwerk에서 −werk가 내용상 자립어로서의 의미를 가지지 않기 때문에 준접미사로 보고 있다는 점에서 Fleischer보다는 비교적 확대된 시각으로 준접미사를 다루고 있음을 볼 수 있다. 이에 따라 DG에서는 Fleischer에 비해 보다 많은 준접미사들이 등장하고 있다.

2.2 준접미사의 기준

위의 학자들이 제시한 준접미사에 대한 기준들을 요약하면 다음과 같다.

1) W. Fleischer

- 강한 계열형성
- 자립형태소에 비해 의미의 보편화 및 탈구체화
- 의미핵이 첫 번째 구성성분에 있음

- 자립적인 사용의 제한44)

2) I. Kühnhold / O. Putzer / H. Wellmann

- 계열을 형성하며 존재함
- 적어도 하나의 접미사와 유사한 기능
- 접미사들과의 상보적(komplementär) 상호작용과 동일한 기저어의 경우에는 때에 따라 차이 없는 경합
- 음성상 동일하고 독립적으로 나타나거나 합성어의 기본어로 나타나는 단순어의 내용가치와의 의미적 거리
- 두 번째 합성성분으로 사용되는 것에 비해 결합가능성의 변화 및 제한. 그 때문에 준접미사는 접미사와 마찬가지로 기저어의 첫 번째 성분 없이는 거의 사용될 수 없다.

3) G. Urbaniak

- 계열형성
- 두 번째 직접구성성분의 의미의 약화
- 두 직접구성성분의 의미관계에 있어서의 추이
- 파생접미사와의 경합

---

44) 위의 기준은 접사의 기준으로 제시된 것이지만, Fleischer가 규정한 준접미사의 개념이 합성성분에서 위의 접사의 기준에 가까워지는 과도기 지역에 있는 구성성분들이라 하였으므로, 이를 준접미사의 기준으로 간주한다.

4) M. D. Stepanowa

- 자립적으로 기능하는 단어의 어근과 외형적으로 일치
- 자립적으로 기능하는 단어의 어근과 어원론적인 연관이 있음
- 다소간 특징적인 계열형성
- 자립적으로 기능하는 단어와의 의미적 유사성

5) B. Naumann

- 강한 계열형성
- 의미의 탈구체화
- 의미핵이 첫 번째 구성성분에 있음

6) Duden-Grammatik

- 외형적으로 합성어의 두 번째 구성성분과 일치
- 자립어로서의 고유 의미 상실

위의 학자들 외에 보통 준접미사의 존재를 인정하는 학자들의 대부분은 합성성분이 접미사로 전이되는 과정에 과도기 지역이 있다는 전제에서 출발한다. 그 과도기 지역의 범주를 뚜렷이 정한다는 것은 흐르는 물을 칼로 베려는 것과 같이 애초에 불가능하다고 볼 수도 있다. 그러나 적어도 그 출발지점과 도착지점의 위치를 뚜렷이 알 수만 있다면 그 사이의 지역이 아무리 광범위해도 범주 규정이 가능할 것으로 본다. 위의 학자들 모두 준접미사의 출발지

점을 합성성분으로 보고 있다. 그러나 문제는 합성성분에서 어느만큼 격차가 벌어져야 과도기 지역으로 벗어났다고 할 수 있을까, 그 점이 위의 기준들을 제시하게끔 하는 이유인 듯하다. 한편 도착지점은 완전한 접미사로 볼 수 있다. 준접미사가 과도기 지역에서 떠돌다 도착지점에 완전히 정착했다고 볼 수 있는 기준은 비교적 뚜렷하다. 즉 더 이상 합성성분의 성질을 조금도 가지고 있지 않으면 되는데, 그 대표적인 것은 −heit나 −schaft처럼 준접미사의 두 번째 구성성분이 더 이상 자립적으로 사용되지 않으면 되는 것이다. 즉 동일한 형태를 가지고 의미적으로 친족관계인 자립형태소가 언어상에서 나타나지 않을 때 비로소 준접미사는 완전한 접미사로 정착하게 되는 것이다. 이러한 과정이 완성되기 위한 조건을 J. Erben은 다음과 같이 세 가지로 들고 있다.

> 첫째, 해당 형태소가 더 이상 자립적으로 나타나지 않을 때
> 둘째, 계열을 이루는 접미사와 유사한 형태소45)의 사용이 동음이의어적인 자립형태소의 기능가치(Funktionswert)와 기호내용(Zeicheninhalt)으로부터 더 이상 완전히 설명될 수 없을 때
> 셋째, 그 새로운 접사가 접미사의 체계 속에서 특별한 자리가를 얻었을 때

결국 준접미사의 범주규정의 어려움은 합성성분과의 격차를 증명하는 데 있다고 할 수 있다. 따라서 준접미사의 기준은 합성성분들 가운데 접미사의 성격을 띠는 것들을 떠올리기 쉽고, 그것이 바로 Fleischer가 제시한 접사의 기준들이 대개의 다른 학자들이

---

45) 여기에서 접미사와 유사한 형태소란 준접미사를 의미한다.

제시하는 준접미사의 기준에 근저를 이루게 된 원인일 것이다.

위의 학자들이 제시한 준접미사의 기준들에서 대개 공통적으로 찾아볼 수 있는 것은 준접미사는 계열을 형성하고 외형적으로 동음인 자립형태소와 의미적으로 차이가 있으며, 첫 번째 구성성분에 의미핵이 있기 때문에 혼자서는 독립된 의미기능의 역할을 담당할 수 없다는 것이다. 따라서 이러한 세 가지 조건은 어떤 합성성분이 준접미사로 진행하는 과정에 있음을 판단하는 조건으로서 비교적 타당하다고 볼 수 있다. 그러나 이러한 조건 외에 본 연구에서는 준접미사의 판단조건으로 작용할 수 있다고 간주되는 두 가지 조건을 더 추가하고자 한다. 즉 '결합소'와 '의미범주'에 관한 사항이다.

보통 빈번하게 나타나는 합성성분이 점차 접미사 성격을 지니게 되는 것을 준접미사로 볼 때, 합성성분과 접미사 사이에 서로 다른 양상을 보이는 것은 결합소의 존재여부이다. 결합소는 합성성분들 사이에서 주로 나타나며, 접미사 앞에서는 예외적인 경우라 할 수 있을 만큼 적게 나타난다. 따라서 결합소는 합성성분의 성격으로 간주할 수 있다. 이에 준접미사에 결합소가 나타나는지의 여부는 준접미사가 아직은 완전한 접미사가 아님을 판단하게 하는 조건으로 작용할 수 있을 것이다. 합성성분과 접미사 사이에 서로 다른 양상을 보이는 또 하나의 조건은 의미범주의 형성이다. 앞서 Stepanowa의 주장대로 빈번하게 나타나는 합성성분들도 일정한 의미범주를 형성하긴 하지만 이 경우는 외형적으로 동일한 자립형태소와의 의미와 아무런 차이가 없다는 점에서 접미사의 의미범주와는 다른 성격이다. 접미사는 일정한 의미범주를 지니면서 수많은 유사조어들을 생성해내게 되며, 이것은 접미사가 지니는 뚜렷한 성질이다. 따라서 준접미사들이 의미범주를 형성하는지의 여부는 준접미사가 더 이상 합성성분이 아님을 판단하게 하는 조건으로 작용할 수 있을 것이다.

이러한 고찰 결과를 중심으로 본 연구에서 제시하고자 하는 준접미사의 기준은 다음과 같은 것들이다.

> 첫째, 준접미사는 계열을 형성한다.
> 둘째, 준접미사는 자립형태소와 의미적인 차이를 나타낸다.
> 셋째, 준접미사는 첫 번째 구성성분 없이는 의미적 역할을 수
>   행할 수 없다.
> 넷째, 준접미사 조어에는 결합소가 나타난다.
> 다섯째, 준접미사는 일정한 의미범주를 형성한다.

위에서 제시한 네 개의 기준은 어느 하나만을 가지고는 준접미사의 기준이라 볼 수 없고, 반드시 상호 보충적인 관계에서만이 비로소 준접미사의 기준이라 할 수 있겠다.

우선 **첫 번째 기준**, 즉 **'계열형성'**은 어느 정도까지를 '계열'로 간주해야 하느냐 하는 문제의 소지가 있다. 이를 단순히 어감상으로만 판단할 순 없고, 일단은 사전에 수록된 것을 기준으로 가늠해 볼 수 있겠다. 특히 Mater의 '역순사전'을 참고해 보면 —werk 조어의 경우 301개의 어휘들이 나타나는 데 비해, —leer 조어의 경우에는 20개의 어휘가 나타나 비교적 적은 수의 계열을 형성한다고 볼 수 있다. 그러나 —werk와 —leer는 둘 다 준접미사를 인정하는 대부분의 학자들에 의해 준접미사의 범주로 분류되는 것들이다. 또

한 합성어의 두 번째 구성성분의 경우에도 계열을 형성하는 것들이 있다. 예를 들면 Kopfschmerz, Zahnschmerz, Bauchschmerz 등의 계열을 형성하는 -schmerz와 같은 경우이다. 이에 해당하는 것들은 -arbeiten, -haus, -material, -lokal 등 다양한데 이를 준접미사로 볼 수는 없다. 특히 Stepanowa는 이러한 성분들을 빈번한 구성성분이라는 새로운 용어를 사용함으로써 준접미사와의 차별을 강조했다. 이렇듯 계열형성이라는 준접미사의 기준은 계열기준의 어려움, 그리고 마찬가지로 계열을 형성하는 합성어의 두 번째 구성성분의 존재로 인하여 문제가 제기될 수 있다. 그러나 일회적으로 결합하는 우연적인 조어는 결코 접미사의 성격이 될 수 없는바, 준접미사의 기준으로 계열형성이라는 것은 필수적이고도 기본적인 요소라 할 수 있으며, 앞서 언급하였듯이 그 하나만으로는 준접미사의 조건으로 충분하지 못하고 다만 또 다른 나머지 기준들과의 상호보완에 필요충분조건이라 할 수 있다. 즉 계열형성에 대한 두 가지 문제점은 다른 기준들이 보완될 때 자연히 해결될 것이다.

두 번째 기준인 '**자립형태소와의 의미적 차이**'는 역시 많은 학자들에 의해 준접미사의 기준으로 제시된 성질이다. Fleischer가 제시한 '자립형태소에 비한 의미의 보편화 및 탈구체화', Kühnhold / Putzer / Wellmann의 '음성상 동일하고 독립적으로 나타나거나 합성어의 기본어로 나타나는 단순어의 내용가치와의 의미적 거리', Urbaniak의 '두 번째 직접구성성분의 의미의 약화', Stepanowa의 '자립적으로 기능하는 단어와의 의미적 유사성', Naumann의 '의미의 탈구체화' 등은 이와 유사한 개념들이다. 이들이 공통적으로 주장하는 것은 준접미사는 자립형태소와 동일한 의미가 아니라는 전제에서 자립형태소와 의미적으로 차이가 있어야 한다는 말과 같다. 즉 합성어의 두 번째 구성성분이 외형상 동일한 자립형태소와 의미적으로 아무런 차이가 없을 경우, 이것은 합성성분으로서 아직은 준접미사라 보기 어렵다. 적어도 준접미사로 간주되려면 자립형태소와 의미 면에서 어느 정도의 차이가 있어야 한다.

세 번째 기준인 '**준접미사는 첫 번째 구성성분 없이는 의미적 역할을 수행할 수 없다**'라는 것은 달리 말하자면 첫 번째 구성성분에 의미핵이 있다는 것이다. 이는 의미핵의 추이라는 개념으로 특히 Fleischer와 Urbaniak, Naumann에 의해 제기된 준접미사의 기준이다. 의미핵의 추이란 의미핵이 두 번째 구성성분에서 첫 번째 구성성분으로 옮겨진 것을 말한다. 본래 합성어, 특히 한정합성어의 경우에는 의미핵이 두 번째 구성성분에 있다. 그러나 그 합성어의 두 번째 구성성분이 점차 접미사의 성격을 지니게 되면서 의미핵이 첫 번째 구성성분으로 옮겨지면, 두 번째 구성성분은 준접미사라 볼 수 있다. 예를 들어 neureich는 'sehr schnell reich geworden'으로 의미핵은 −reich에 있다. 그러나 erfolgreich는 'mit Erfolg / großer Erfolg'로 의미핵이 첫 번째 구성성분인 erfolg−에 있으며, 이 경우 −reich는 더 이상 합성어의 두 번째 성분으로 보기 어렵다. 이러한 의미핵의 추이라는 개념과 유사한 세 번째 조건은 Kühnhold / Putzer / Wellmann이 제시한 네 번째 준접미사의 기준인 '준접미사는 접미사와 마찬가지로 기저어의 첫 번째 성분 없이는 거의 사용될 수 없다'와 동일한 개념이다.

네 번째 기준, 즉 '**결합소가 나타남**'은 결합소가 파생어와 합성

48

어에 따라 다른 양상을 보이기 때문에 준접미사의 기준으로 언급할 수 있다. 결합소에는 −∅−, −e−, −(e)n−, −(e)ns−, −er−, −(e)s− 등이 있고, 이 가운데 무표결합소 −∅−은 일반적으로 결합소가 나타나지 않는 것을 의미한다. 결합소는 보통 파생어에서는 나타나지 않으며, 파생어에서 기저어와 접미사 사이에 결합소가 나타나는 경우는 아주 미세한 정도에서 그것도 특정한 접미사들의 경우에만 해당된다. 즉 −haft와 −mäßig로 이루어진 파생어들의 경우에서만 결합소 −(e)n−과 −s−가 나타난다. 그리고 −(e)r−는 드물게 −ig 파생어에 부가된다. 이렇듯 파생어에서 결합소가 나타나는 경우는 예외라 할 수 있을 만큼 적다. 따라서 보통 파생어에는 결합소가 나타나지 않는 것으로 간주한다. 그러나 합성어의 경우에는 사정이 다르다. 합성어 역시 결합소가 부가되지 않는 조어들이 다수 나타나긴 한다. 그리고 그것은 모든 합성어의 2/3에 해당한다.[46] 그러나 이러한 수치는 모든 합성어의 1/3 가량에서는 결합소가 나타난다는 것을 의미한다. 이것은 결합소 자체가 본래 합성어에서 첫째 구성성분인 명사의 굴절 접미사에서 비롯된 것이기 때문이다. 물론 공시적 측면에서 그것은 더 이상 문법적 기능을 갖지는 않지만 부분적으로는 아직도 많은 결합소들에서 굴절기능과의 연관성을 확인할 수 있다. 이러한 결합소는 합성어에서 대부분 첫째 구성성분이 명사나 동사어간인 경우에 국한되어 나타난다.[47] 즉 결합소는 파생어의 성격이라기보다는 합성어의 성격을 나타낸다고 볼 수 있다. 학자들에 따라서는 준접미사를

---

46) Duden−Grammatik, 1998, S. 456.

47) 합성어에서 첫 번째 구성성분이 동사인 경우에는 전체의 약 88%에서 결합소가 나타나지 않고, 형용사인 경우에는 예외 없이 결합소가 나타나지 않는다.(ebd., S. 457.)

접미사로 간주하는 경우도 적지 않은데, 이때 결합소가 나타나는
지의 여부는 준접미사를 완전한 접미사로 보는 것이 타당하지 않
음을 보여주는 근거로 볼 수 있다. 그에 대한 예로서 Fleischer의
경우를 들 수 있다. Fleischer는 'X los'[48]의 경우 모두 'ohne X'
로 변형시킬 수 있으므로 −los를 접미사로 간주하여야 한다고 하
였다. 그러나 −los로 이루어진 조어에서는 결합소 −(e)n−, −er−,
−(e)s−가 전체의 1/3가량을 차지함으로 해서 −los를 완전한 접
미사로 보기에 타당하지 않다. 보통 준접미사에서 확인할 수 있는
결합소는 −∅−, −e−, −(e)n−, −er−, −(e)s− 등이며, 그것
은 형용사적 준접미사와 명사적 준접미사에 따라 다르다. 형용사
적 준접미사에서 다수의 경우에 확인할 수 있는 결합소는 −∅−,
−(e)n−, −er−, −(e)s− 등으로 그에 대한 각각의 예는 다음과
같다.

　　　보기) luft−∅−los, figur−en−reich, idee−n−arm, bild−er
　　　　　　 −reich, tod−es−würdig, inhalt−s−leer etc.

　명사적 준접미사에는 −∅−, −e−, −(e)n−, −er−, −(e)s−
등이 나타나며 그에 대한 예는 다음과 같다.

　　　보기) Sprach−∅−gut, Ständ−e−wesen, Student−en−werk,
　　　　　　 Beamte−n−wesen, Blätt−er−werk, Heer−es−gut,
　　　　　　 Arbeit−s−zeug etc.

다섯 번째 기준인 **'일정한 의미범주의 형성'**이란 준접미사들은

---

48) X는 기저성분을 나타내기 위한 임의의 기호임.

50

접미사와 마찬가지로 특정한 의미를 지닌 채 다른 형태소와 결합을 하는데, 그것이 일정한 범주를 형성한다는 것이다. 예를 들어 접미사 -bar가 'sein zu Inf.'나 'lassen sich Inf.'의 의미범주에 속하는 것처럼 준접미사들 역시 이러한 범주로 구분할 수 있다. 즉 -arm 조어들은 'wenig …… haben'의 범주에 해당하고, -frei 조어는 'kein …… haben'의 범주에 속한다. -reich 조어 역시 'viel …… haben'의 범주에 해당하며 이 밖에 여러 학자들에 의해 준접미사로 간주되는 -leer, -voll, -werk 등의 형태소들도 이와 같이 일정한 의미범주로 분류할 수 있다.

2.3 준접미사의 종류

준접미사에 대한 입장이 학자마다 다소간 차이가 나듯이 준접미사에 대한 종류 역시 조금씩 차이가 난다. 그것은 준접미사의 범주설정에 따라 달라지는 것이다. 따라서 준접미사의 종류에 대한 일관된 기준은 없으며, 본 연구에서 준접미사의 특성을 살펴보기 위해서도 모든 준접미사를 전체적으로 다루기에는 어려움이 있다. 이에 다음에서는 독일어에서 비교적 잘 알려진 세 개의 공시적 조어이론에서 제시한 준접미사들[49]과 아울러서 문법서 가운데 특히 Duden-Grammatik에 제시된 준접미사들을 나열해 보고 이들에 공통으로 해당하는 준접미사들을 중심으로 본 연구의 연구 대상을 선별해 보고자 한다.

---

49) Fleischer(1975), Kühnhold / Putzer / Wellmann(1978), Erben(1993)-Olsen, 1988, S. 75 재인용.

1) W. Fleischer(1975)

형용사: **−arm, −artig, −fähig, −förmig, −frei, −leer, −reich, −voll, −würdig**
−ähnlich, −gemäß, −gerecht, −haltig, −wert
명 사: **−gut, −werk, −wesen, −zeug**

2) I. Kühnhold / O. Putzer / H. Wellmann(1978)

형용사: **−arm, −artig, −fähig, −förmig, −frei, −leer, −reich, −voll, −würdig**
−aktiv, −durstig, −feindlich, −fest, −fremd, −freudig, −freundlich, −froh, −geil, −gerecht, −haltig, −hungrig, −los, −lüstern, −müde, −pflichtig, −schwanger, −schwer, −sellig, −sicher, −stark, −technisch, −trächtig, −verdächtig, −wert, −widrig
명 사: **−gut, −werk, −wesen, −zeug**
−kram, −kreis, −leute, −material, −reich, −volk, −welt

3) J. Erben(1993)

형용사: **−arm, −artig, −fähig, −förmig, −frei, −leer, −reich, −voll, −würdig**
−fertig, −los, −mäßig
명 사: **−gut, −werk, −wesen, −zeug**

52

4) Duden-Grammatik(1998)

> 형용사: **-arm, -artig, -fähig, -förmig, -frei, -leer,**
> **-reich, -voll, -würdig**
> -ähnlich, -bedürftig, -bereit, -beständig, -echt, -fertig,
> -fest, -freundlich, -gemäß, -gerecht, -getreu, -gleich,
> -haltig, -los, -mäßig, -pflichtig, -reif, -schwach,
> -schwer, -selig, -stark, -tauglich, -wert, -widrig
>
> 명 사: **-gut, -werk, -wesen, -zeug**
> -fink, -hai, -mann, -maxe, -muffel, -nudel,
> -papst, -peter, -ratte

위의 목록은 다소간 차이가 있지만, 네 개 항 모두에 공통으로 속하는 단어들이 존재한다. 즉 형용사 가운데 **-arm, -artig, -fähig, -förmig, -frei, -leer, -reich, -voll, -würdig** 그리고 명사 가운데 **-gut, -werk, -wesen, -zeug**는 위의 네 개 목록에 공통으로 나타남으로 해서 준접미사로서 비교적 확고한 상태를 가지고 있다고 볼 수 있다.

그러나 이 중에서 **-artig**와 **-förmig**를 준접미사로 보는 데에는 문제가 있다. 이 두 개의 형태소는 의미적으로 '비교'를 나타낸다는 공통점을 지니고 있다. 그 때문에 이들은 부분적으로 경합을 이루기도 하는데, 특히 **-förmig**가 외적인 형태에 관계하는 데 반해, **-artig**는 보다 일반적인 비교를 나타낸다.

> 보기) schlauchartig ≈ schlauchförmig
> traubenartig ≈ traubenförmig
> wellenartig ≈ wellenförmig[50]

이 둘은 분명 다른 형태소들과 결합하여서 일정한 의미적인 역할을 담당하고 있다. 그러나 −artig와 −förmig를 준접미사로 보는 데 문제를 제기하는 이유는 이들이 준접미사의 기본적인 두 조건을 만족시키지 못하는 데 있다. 즉 준접미사들은 반드시 그에 대응되는 형태적으로 동일한 자립형태소가 존재해야 하며, 그 자립형태소와는 의미적으로 연관이 있어야 한다. 그러나 먼저 −förmig의 경우에는 자립형태소로서의 förmig의 쓰임이 나타나지 않는데, 그것은 −förmig가 명사 Form과 접미사 −ig의 결합이기 때문이다. 따라서 −förmig는 준접미사로 보기 어렵다. 또한 −artig의 경우에는 자립형태소가 나타나긴 하지만 자립형태소로서의 artig와 구속형태소로서의 −artig와는 의미적으로 아무런 연관이 없기에 역시 준접미사로 간주하기 어렵다. 자립형태소와 구속형태소로 나타나는 /artig/의 사전적인 의미는 다음과 같다.

artig＝<Adj.>

    1. sich so verhaltend, wie es die Erwachsenen erwarten; sich gut und folgsam benehmend

    2. höflich, galant / anmutig, nett

    −artig＝−artig drückt aus, daß die beschriebene Person od. Sache vergleichbar mit etw., so beschaffen wie etw. ist[51]

자립형태소 artig는 '점잖은, 공손한' 등의 의미를 나타내는 데 비해, 구속형태소 −artig는 '……와 같은, …… 모양의, ……의 성

---

50) Fleischer, 1975, S. 260.

51) Duden−Deutsches Universalwörterbuch, 2003, S. 168.

질을 지닌' 등의 의미를 나타낸다.

> 보기) artiger Mann＝Mann, der sich höflich verhält zwergartiger
> Mann＝Mann wie Zwerg

즉 märchen－, tier－, metall－, gruppen－, flachs－, schlangen－, pyramidenartig에서의 －artig는 형용사 artig와 의미적으로 완전히 다르다. 이러한 예들은 형태적으로나 의미적으로 명사 Art와 관계될 수 있다.[52] 다시 말해서 비교의 의미를 지닌 －artig 역시 －förmig 와 마찬가지로 명사 Art＋－ig의 결합으로 간주해야 할 것이다. 따라서 본 연구에서는 －artig와 －förmig를 준접미사로 간주하지 않고 연구 대상에서 제외하기로 한다.

또한 위의 학자들이 제시한 준접미사의 목록 가운데 Fleischer만을 제외하면 모두 －los를 준접미사로 간주하고 있음을 볼 수 있다. Fleischer의 경우에는 기저 내용의 부재만을 의미하는 －los는 더 이상 준접미사로 볼 수 없고, 완전히 접미사의 상태에 도달했다고 보고 있는 것이다.[53] 그러나 앞서 언급한 바와 같이 －los 조어에서는 결합소가 나타남으로 해서 이를 접미사로 간주하기에는 무리가 있다.[54] 또한 －los가 물론 일관된 의미만을 나타내긴 하지만, 아직은 자립적으로 나타날 경우의 의미와 완전한 차이를 보인다고는 말할 수 없으므로 본 연구에서는 －los 역시 준접미사의 범주에서 다루고자 하며, 이에 대한 근거는 다음의 본문 4장에서 더 자세히 다루고자 한다. 따라서 본 연구의 주요 연구 대상이

---

52) Kühnhold / Puzter / Wellmann, 1978, S. 497f.

53) Fleischer, 1975, S. 70.

54) 본 연구 S. 49 참조.

될 준접미사의 목록은 다음과 같다.

형용사적 준접미사: −**arm,** −**fähig,** −**frei,** −**leer,** −**los,**
−**reich,** −**voll,** −**würdig**

명사적 준접미사: −**gut,** −**werk,** −**wesen,** −**zeug**

위에서 제시된 준접미사 가운데 동사형이 없는 것은 보통 동사의 경우에는 접두조어가 지배적이기 때문이다.

다음의 3장과 4장에는 위의 준접미사들을 표본으로 삼아 준접미사의 형태적인 면과 의미적인 면을 고찰해 보고자 한다.

Ⅲ. 준접미사의 형태적인 면

3.1 형용사적 준접미사

본 연구의 연구 대상인 형용사적 준접미사는 앞장에서 제시한 −arm, −fähig, −frei, −leer, −los, −reich, −voll, −würdig다. 본 장에서는 이에 해당하는 형용사적 준접미사들이 보통 어떤 형태의 기저어와 결합을 하며, 또 결합소의 양상은 어떤 특징을 보이는지를 살펴보고자 한다.

3.1.1 기저어의 품사

형용사적 준접미사들은 보통 상당수가 명사기저어와 결합을 한다. 이것은 준접미사뿐만 아니라 다른 형용사 접미사에서도 마찬가지로, 형용사 접미사 −haft, −ig, −isch, −lich 등의 기저어를 살펴보면 명사기저어가 압도적으로 우세하게 나타남을 알 수 있다.[55]

---

55) Kühnhold / Putzer / Wellmann의 'Deutsche Wortbildung'에 나타난 −haft 조어는 총 429개이며, 이 가운데 명사기저어는 413개이다. −ig 조어는 총 2008개이며, 이 중에서 명사기저어는 1663개이다. −isch 조어는 총 1387개이며, 이 가운데 명사기저어는 1310개이다. −lich 조어는 총

형용사적 준접미사들은 명사기저어에 비해 드물긴 하지만 형용사나 동사기저어와도 결합을 하며, 그 외의 품사들은 거의 나타나지 않는다.

〈표－2〉

준접미사 기저어	－arm	－fähig	－frei	－leer	－los	－reich	－voll	－würdig
BS	+	+	+	+	+	+	+	+
BV	+	+	－	－	+	+	－	+
BA	－	－	－	+	－	－	+

(BS＝Basissubstantiv, BV＝Basisverb, BA＝Basisadjektiv)

본 연구의 연구 대상인 8개의 형용사적 준접미사를 E. Mater(1983)의 '역순사전'에 나타난 조어 형태를 중심으로 조사해 보면 다음과 같은 결과를 확인해 볼 수 있다.[56)]

940개이며, 이 가운데 명사기저어는 632개이다. 물론 －bar 조어와 같이 동사기저어가 더 많은 경우(총 389개 조어 가운데 동사기저어는 374개, 나머지 15개는 명사기저어)도 있으나, 이는 명사기저어가 많은 형용사 접미사에 비해 드문 경우이다.

56) 본 조사는 Mater의 사전에 제시되어 있는 조어들 가운데, 준접미사로서 실제로도 다수 통용되는 것들만을 대상으로 삼고자 Brockhaus －Wahrig(Bd.1, 1980－Bd.6, 1984) 사전에 수록되어 있는 것들만을 대상으로 하였다. 참고로 Mater 사전에 나타난 조어들의 전체 빈도수는 다음과 같다. 여기에서 전체라 함은 합성성분과 준접미사를 구분하지 않은 조어들을 의미한다: －arm(38개), －fähig(112개), －frei(112개), －leer(20개), －los(382개), －reich(126개), －voll(176개), －würdig(51개).

〈표-3〉

형용사적 준접미사	빈도수	기저어 및 빈도수	보 기
-arm	22	BS (21) BV (1)	BS → fettarm*, geldarm, nikotinarmetc. BV → knitterarm* fettarm*의 경우에 기저어는 형용사 fett와 명사 Fett가 형태가 동일함으로 해서 판단에 혼동이 올 수 있다. 그러나 형용사 fett의 의미는 '살찐, 기름진'이고, 명사 Fett의 의미는 '지방'이며, fettarm은 'arm an Fett 지방이 적은'을 의미함으로 기저어는 명사 Fett로 볼 수 있다. knitterarme* Stoffe=Stoffe, die kaum / nur wenig knittern
-fähig	75	BS (56) BV (19)	BS → arbeitsfähig, bildungsfähig, kampffähig etc. BV → gehfähig, denkfähig, schwimmfähig etc.
-frei	62	BS (62)	BS → staubfrei, taxfrei, wasserfreietc.
-leer	10	BS (10)	BS → menschenleer, inhaltsleer, luftleer etc.
-los	290	BS (280) BV (8) BA (1) R (1)	BS → bedeutungslos, laublos, weglos etc. BV → fühllos, reglos, spanlos etc. BA → bewußtlos R → treulos* treulos*는 'nicht treu' 또는 'ohne Treue'의 의미로서, 이때 기저어는 형용사나 명사 모두 가능하다.

형용사적 준접미사	빈도수	기저어 및 빈도수	보 기
─reich	82	BS　(81) BV　(1)	BS → bergreich, erfolgreich, kunstreich etc. BV → lehrreich
─voll	119	BS　(119)	BS → belangvoll, sinnvoll, wertvolletc.
─würdig	34	BS　(12) BV　(20) BA　(1) BAdv (1)	BS → menschenwürdig, todeswürdig, verzeihungswürdig etc. BV → denkwürdig, sehenswürdig, tadelnswürdig etc. BA → hochwürdig BAdv → nichtswürdig

(R=Rest, BAdv=Basisadverb)

위의 결과를 종합하면 다음과 같다.[57]

〈표─4〉

BW a.S.	Frq	BS	A	BA	A	BV	A
─arm	22	21	95.5%	0	0%	1	4.5%
─fähig	75	56	74.7%	0	0%	19	25.3%
─frei	62	62	100%	0	0%	0	0%
─leer	10	10	100%	0	0%	0	0%
─los	290	280	96.6%	1	0.3%	8	2.8%
─reich	82	81	98.8%	0	0%	1	1.2%
─voll	119	119	100%	0	0%	0	0%
─würdig	34	12	35.3%	1	2.9%	20	58.8%
총 계	694	641	92.4%	2	0.3%	49	7.1%

(a.S.=adjektivische Suffixoide, BW=Basiswort, Frq=Frequenz, A=Anteil)

---

57) 다음 표에서는 ─los의 R(1)와 ─würdig의 BAdv(1)는 극소수의 빈
도인 만큼 제외시킨다. 따라서 전체 빈도수와 해당 기저어들을 합한
빈도수는 일치하지 않는다.

형용사적 준접미사들의 기저어를 품사별로 구분하여 종합해 본 결과 위와 같이 명사기저어가 압도적으로 많이 나타났으며, 그에 비해 형용사와 동사기저어는 적게 나타남을 알 수 있다. 그중에서도 형용사기저어의 빈도수가 가장 낮다.

3.1.2 기저어의 조어구조

형용사적 준접미사들의 기저어들은 단순어와 합성어, 파생어 등이 나타나며, 각각의 준접미사들에 따라 다르게 등장한다.

〈표-5〉

a.S. BW	−arm	−fähig	−frei	−leer	−los	−reich	−voll	−würdig
단순어	+	+	+	+	+	+	+	+
합성어	−	−	+	−	+	−	+	−
파생어	−	+	−	−	+	+	+	+

형용사적 준접미사들의 기저어 가운데 −arm과 −leer는 단순기저어만이 나타나며, 단순어와 합성어, 파생어가 모두 기저어상에서 나타나는 준접미사는 −los와 −voll뿐이다.

위에 제시된 준접미사 기저어의 조어구조에 해당하는 각각의 예는 다음과 같다.

〈표-6〉

형용사적 준접미사	빈도수	조어구조 및 빈도수	보 기
-arm	22	단순어 (22) 합성어 (0) 파생어 (0)	단순어 → fischarm, volkarm, 　　　　 nikotinarm etc.
-fähig	75	단순어 (47) 합성어 (0) 파생어 (28)	단순어 → denkfähig, keimfähig, 　　　　 schwimmfähig etc. 파생어 → bildungsfähig, funktionsfähig etc.
-frei	62	단순어 (56) 합성어 (6) 파생어 (0)	단순어 → alkoholfrei, staubfrei, 　　　　 tadelfrei etc. 합성어 → atomwaffenfrei, fremdwortfrei, 　　　　 schulgeldfrei etc.
-leer	10	단순어 (10) 합성어 (0) 파생어 (0)	단순어 → blutleer, liebeleer, 　　　　 menschenleer etc.
-los	290	단순어 (251) 합성어 (4) 파생어 (35)	단순어 → leblos, phantasielos etc. 합성어 → bargeldlos, vaterlandslosetc. 파생어 → ergebnislos, leidenschaftslos, 　　　　 reibungslos etc.
-reich	82	단순어 (74) 합성어 (0) 파생어 (8)	단순어 → fischreich, kinderreich, 　　　　 tugendreich etc. 파생어 → erfahrungsreich, hoffnungsreich, 　　　　 kenntnisreich etc.
-voll	119	단순어 (94) 합성어 (4) 파생어 (21)	단순어 → mühevoll, wertvoll, 　　　　 zweckvoll etc. 합성어 → schwermutsvoll, 　　　　 sehnsuchtsvoll etc. 파생어 → empfindungsvoll, 　　　　 verständnisvoll etc.
-würdig	34	단순어 (24) 합성어 (0) 파생어 (10)	단순어 → glaubwürdig, menschenwürdig, 　　　　 todeswürdig etc. 파생어 → achtungswürdig, 　　　　 empfehlungswürdig etc.

위의 결과를 종합하면 다음과 같다.

〈표-7〉

형용사적 준접미사	Frq	단순어	A	합성어	A	파생어	A
−arm	22	22	100%	0	0%	0	0%
−fähig	75	47	62.7%	0	0%	28	37.3%
−frei	62	56	90.3%	6	9.7%	0	0%
−leer	10	10	100%	0	0%	0	0%
−los	290	251	86.6%	4	1.4%	35	12.1%
−reich	82	74	90.2%	0	0%	8	9.8%
−voll	119	94	79%	4	3.4%	21	17.6%
−würdig	34	24	70.6%	0	0%	10	29.4%
총 계	694	578	83.3%	14	2%	102	14.7%

위의 표에서 보듯이 형용사적 준접미사의 기저어들로는 전체적으로 단순어가 가장 빈번하게 나타나며, 합성어가 가장 드물게 나타남을 알 수 있다. 준접미사의 기저어가 파생어인 경우에는 특정 파생접미사들이 빈번하게 나타남으로 해서 준접미사들이 선호해서 결합하는 파생접미사들이 있음을 알 수 있다. 그러한 접미파생기저어로는 전체적으로 −ung으로 끝나는 기저어가 가장 많이 나타나며, 그다음으로는 −nis로 끝나는 기저어들이 다수는 아니어도 일정한 조어양상을 이루며 나타나는 것을 볼 수 있다. 그 밖에 −heit, −schaft, −ion 또는 −tum 조어로 이루어진 기저어도 있으나 이들은 거의 일회적이라 볼 수 있을 정도의 결합만을 보인다. −ung과 −nis로 끝나는 파생기저어들의 빈도수를 전체 접미파생기저어들과 비교해 보면 다음과 같다.

<표-8>

형용사적 준접미사	Frq	-ung	A	-nis	A
-fähig	28	21	75 %	0	0%
-los	35	27	77.1%	4	11.4%
-reich	8	5	62.5%	3	37.5%
-voll	21	17	81%	3	14.3%
-würdig	10	10	100%	0	0%
총 계	102	80	78.4%	10	9.8%

다음에서는 형용사적 준접미사들과 결합하는 기저어의 조어구조를 유형별로 분류해 보고자 한다. 우선 위에서 제시된 8개의 형용사적 준접미사들과 결합하는 기저어들의 조어구조를 일괄적으로 조사해 보았다. 그중 일회적으로 나타나는 조어구조들을 제외하고 일정한 유형을 형성하는 조어구조들은 다음과 같다.

(BS=Basissubstantiv, BV=Basisverb, BA=Basisadjektiv,
BAdv=Basisadverb, HS=Halbsuffix, F=Fugenelement,
P=Präfix, DS=Derivationssuffix)

1) BS+F+HS:
-arm, -fähig, -frei, -leer, -los, -reich, -voll,
-würdig

2) BS [P+BS]+F+HS:
-arm, -fähig, -frei, -los, -reich, -voll

3) BS [P+BV+DS]+F+HS:

　−fähig, −los, −reich, −voll, −würdig

4) BS [P+BS+DS]+F+HS:

　−voll

5) BS [BV+DS]+F+HS:

　−fähig, −los, −reich, −voll, −würdig

6) BS [BA+DS]+F+HS:

　−voll

7) BS [BA+BV+DS]+F+HS:

　−voll

8) BS [BS 1+BS 2]+F+HS:

　−frei, −los

9) BS [BV+BS]+F+HS:

　−voll

10) BS [BA+BS]+F+HS:

　−voll

11) BS [BAdv＋BS]＋F＋HS:

  －los, －voll

12) BV＋F＋HS:

  －arm, －fähig, －los, －würdig

13) BV [P＋BV]＋F＋HS:

  －fähig, －würdig

14) BA＋F＋HS:

  －los

위의 14개 조어구조 유형 가운데 전체 8개 형용사적 준접미사 모두에 공통으로 해당되는 조어구조는 1)번뿐이다. 그와 함께 과반수인 5개 이상의 형용사적 준접미사에 공통으로 해당되는 조어구조는 2)번, 3)번, 5)번이다. 따라서 이들 4개의 조어구조는 위의 형용사적 준접미사의 조어구조로서 비교적 일정한 유형을 형성하고 있는 것으로 볼 수 있으며, 이를 수형도로 나타내면 다음과 같다.

a. BS＋F＋HS

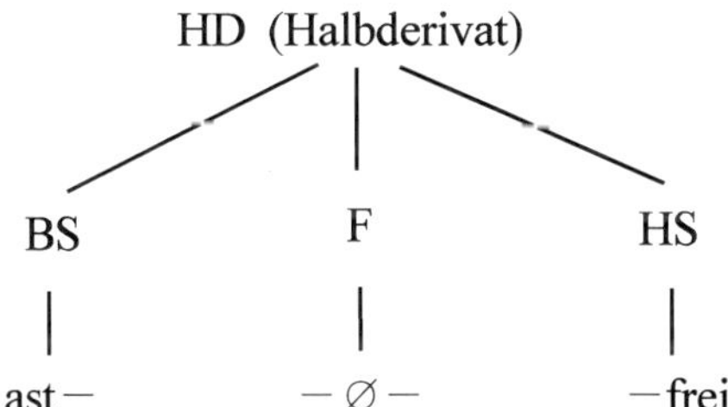

보기) fisch－∅－arm, kampf－∅－fähig, gift－∅－frei,
luft－∅－leer, system－∅－los, wald－∅－reich,
humor－∅－voll etc.

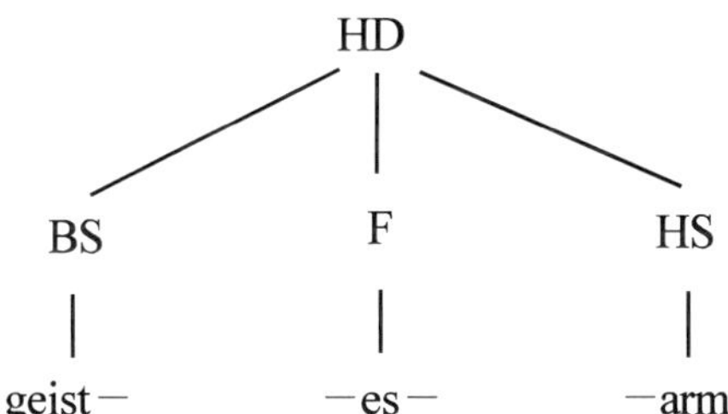

보기) freud－en－arm, recht－s－fähig, arbeit－s－frei,
mensch－en－leer, beruf－s－los, bild－er－reich,
dorn－en－voll etc.

68

b. BS [P+BS]+F+HS

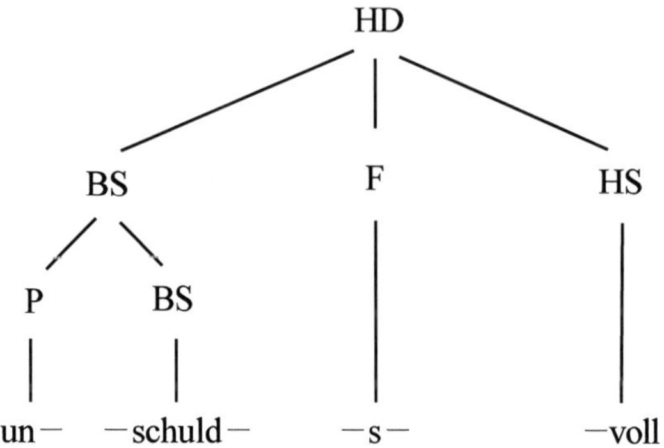

보기) gemüt−s−arm, abgabe−n−frei, anstand−s−los,
anmut−s−reich, verlust−∅−reich, absicht−s−voll etc.

c. BS [P+BV+DS]+F+HS

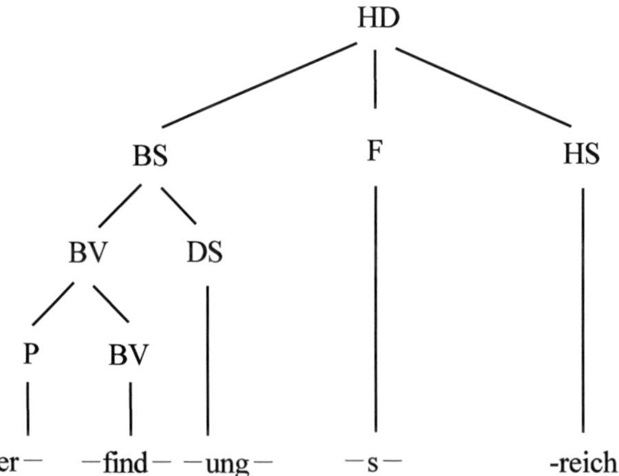

보기) vernehmung－s－fähig, bedürfnis－∅－los,
　　　 entscheidung－s－los, bedeutung－s－reich,
　　　 empfindung－s－voll, erbarmung－s－würdig etc.

d. BS [BV＋DS]＋F＋HS

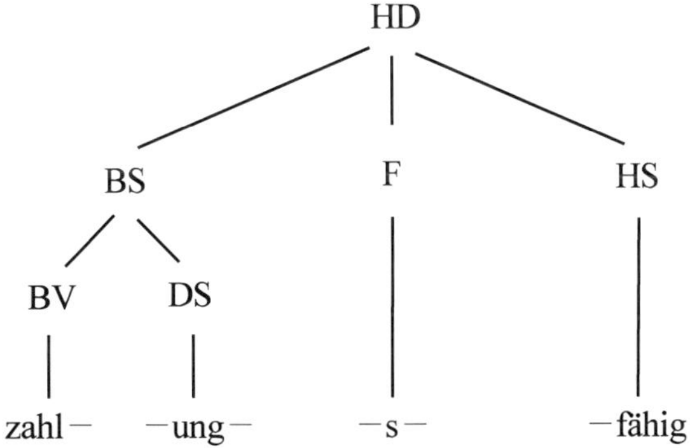

보기) handlung－s－fähig, rettung－s－los, hoffnung－s－reich,
　　　 ahnung－s－voll, achtung－s－würdig etc.

3.1.3 결합소

준접미사를 동반한 형용사 조어들의 경우 결합소들이 나타나는 조건과 그 빈도수를 살펴봄으로써 준접미사가 합성성분과 파생형태소의 성격 중에서 어느 쪽에 더 가까운지를 유추해 보고자 한다.

1) 결합소 $-\varnothing-$

형용사적 준접미사 앞에 결합소가 나타나지 않는 경우는 다음과
같다.

a. 기저어가 외래어인 경우

보기) debatte$-\varnothing-$los; dialekt$-\varnothing-$frei; giro$-\varnothing-$fähig etc.

b. 기저어가 단음절인 명사

보기) bart$-\varnothing-$los, baum$-\varnothing-$los, draht$-\varnothing-$los,
kopf$-\varnothing-$los; angst$-\varnothing-$voll, ernst$-\varnothing-$voll,
geist$-\varnothing-$voll etc.

c. 기저어가 소재를 지칭하는 것

기저어가 소재를 지칭하는 것 중에 결합소가 나타나는 것은 거
의 예외적인 경우라 볼 수 있을 만큼 소재를 지칭하는 명사기저어
는 대부분 결합소가 나타나지 않는다.

보기) blut$-\varnothing-$los, luft$-\varnothing-$los; kalk$-\varnothing-$reich etc.

2) 결합소 $-(e)n-$

$-(e)n-$ 결합소는 sternenlos, menschenleer와 같은 몇몇 예외적

인 경우를 제외하고, 거의 대부분이 -n- 형태로 나타난다. -en-
결합소는 기저어의 성과 아무런 관련이 없으나 -n- 결합소는 특
히 기저어가 -e로 끝나는 여성명사인 경우 자주 등장한다.

> 보기) atomwaffe-n-frei, sünde-n-frei; rebe-n-reich,
> farbe-n-reich, idee-n-reich; seele-n-los,
> lücke-n-los etc.

그러나 성에 관련 없이 그저 -e로 끝나는 기저어의 경우에도
드물긴 하지만 -n- 결합소가 나타난다.

> 보기) auge-n-los, gedanke-n-los etc.

3) 결합소 -er-

-er- 결합소는 일반적으로 복수형이 -er인 기저어와 결합하
여 나타난다.

> 보기) lied-er-voll, lied-er-reich; kind-er-los, kind-er
> -reich; blätt-er-los, blätt-er-reich etc.

4) 결합소 -(e)s-

-(e)s- 결합소는 명사기저어의 굴절형태소로서 -s- 결합소에
비해 드물게 나타난다.

보기) geist－es－arm; tod－es－würdig etc.

－(e)s－ 결합소는 특히 다음과 같은 경우 눈에 띄게 나타난다.

a. 기저어가 동사에서 파생된 다음절인 경우

보기) beklagen－s－würdig, sehen－s－würdig, staunen－s－würdig;
anstand－s－los, vorwurf－s－los etc.[58]

b. 기저어가 －ung, －ion, －schaft, －heit, －tät 등으로 끝나는 여성명사

보기) stellung－s－frei, trägheit－s－frei, leidenschaft－s－frei;
bildung－s－fähig, pension－s－fähig, wissenschaft－s－fähig;
hoheit－s－voll, qualität－s－voll etc.

c. 기저어가 －t로 끝나는 명사

보기) arbeit－s－fähig, recht－s－fähig; andacht－s－voll;
geschlecht－s－los etc.

위의 네 가지 결합소 외에 아주 드물게 －e－ 결합소가 나타나는 경우가 있으나 이는 지극히 미세한 정도의 빈도만을 보임으로 예외적인 경우로 간주해야 할 것이다.

---

58) 그러나 기저어가 [－s], [－ts], [－st], [ʃ]로 끝나는 동사적 추상명사인 경우에는 결합소가 나타나지 않는다: beschluß－∅－fähig, beweis－∅－fähig, einsatz－∅－fähig, absatz－∅－fähig, dienst－∅－fähig, marsch－∅－fähig

보기) frücht−e−leer, schiff−e−leer; sieg−e−reich,
　　　 düft−e−reich etc.

또한 동일한 기저어에 여러 종류의 결합소가 나타나는 단어들도
있으나 이 역시 미세한 빈도수만을 보인다.

보기) fried−∅−voll, fried−∅−los; friede−∅−voll,
　　　 freud−∅−voll; freude−∅−voll, freude−∅−reich;
　　　 freude−n−voll, freude−n−reich, freude−n−arm,
　　　 gefühl−∅−voll, gefühl−∅−los; gefühl−s−arm,
　　　 gefühl−s−reich, gefühl−s−los, lieb−∅−los, lieb−∅−reich;
　　　 liebe−∅−los, liebe−∅−voll; lieben−s−würdig,
　　　 aufnahme−∅−fähig; aufnahm−s−fähig etc.

위와 같은 조건에 따른 형용사적 준접미사와 기저어 사이의 결
합소는 보통 −∅−, −(e)n−, −er−, −(e)s−가 나타나며, 그 빈
도수를 표로 나타내면 다음과 같다.

〈표−9〉

결합소 준접미사	Frq	−∅−	A	−(e)n−	A	−er−	A	−(e)s−	A
−arm	22	17	77.3%	3	13.6%	0	0%	2	9.1%
−fähig	75	34	45.3%	2	2.7%	0	0%	39	52%
−frei	62	40	64.5%	13	21%	0	0%	9	14.5%
−leer	10	6	60%	3	30%	0	0%	1	10%
−los	290	196	67.6%	31	10.7%	2	0.7%	61	21%
−reich	82	50	61%	18	22%	2	2.4%	12	14.6%
−voll	119	69	58%	7	5.9%	0	0%	43	36.1%
−würdig	34	10	29.4%	1	2.9%	0	0%	23	67.6%
총 계	694	422	60.8%	78	11.2%	4	0.6%	190	27.4%

위의 표에서 보듯이 형용사적 준접미사 조어들에서는 특히 자주 나타나는 결합소들이 있음을 알 수 있으며, 이는 기저어에 따라 영향을 받은 결과이다. 즉 몇몇 형용사적 준접미사가 특정한 기저어와 결합의 결합을 선호할 경우, 그것은 결합소에도 간접적으로 영향을 미치는 것이다. 예를 들어 −los의 경우에는 소재를 지칭하는 기저어 뒤에 빈번하게 나타나는데, 그 때문에 위의 표에서도 확인할 수 있듯이 결합소는 −∅−이 분명하게 우세함을 보이는 것이다.

보기) salz−∅−los etc.

−fähig의 경우에는 종종 동사적 추상명사 뒤에 나타나며, 이로 인하여 결합소는 −(e)s−가 높은 빈도수를 보인다.

보기) hinterlassung−s−fähig, ausdruck−s−fähig etc.

−voll과 −los의 경우에는 단음절의 기저어가 비교적 자주 나타나며, 그 때문에 −∅−이 높은 빈도수를 보인다.

보기) fluch−, form−, geist−, stil−∅−voll; ast−, fisch−, kern−, laub−∅−los etc.

−würdig의 경우에는 기저어가 특히 명사화된 부정형이 자주 나타남으로 해서 결합소 −s−의 빈도수가 눈에 띄게 많다.

보기) bemitleiden−, hassen−, sehen−, beklagen−s−würdig etc.

위의 결합소들을 종합해서 결합소의 유무로 분류하면 다음과
같다.

〈표－10〉

형용사적 준접미사	Frq	결합소 (－)	A	결합소 (＋)	A
－arm	22	17	77.3%	5	22.7%
－fähig	75	34	45.3%	41	54.7%
－frei	62	40	64.5%	22	35.5%
－leer	10	6	60%	4	40%
－los	290	196	67.6%	94	32.4%
－reich	82	50	61%	32	39%
－voll	119	69	58%	50	42%
－würdig	34	10	29.4%	24	70.6%
총 계	694	422	60.8%	272	39.2%

위와 같이 준접미사를 동반한 형용사 조어들에서 결합소는 합성
어의 경우처럼 결합소가 전체의 약 1/3가량 나타남을 알 수 있다.
따라서 위의 형용사적 준접미사들은 합성어의 성격을 지니는 것으
로 볼 수 있는바 아직까지 완전한 접미사로 간주할 수 없다.

3.2 명사적 준접미사

본 연구의 연구 대상인 명사적 준접미사는 앞장에서 제시한 －gut,
－werk, －wesen, －zeug이다. 본 장에서는 이에 해당하는 명사적 준
접미사들이 보통 어떤 형태의 기저어와 결합을 하며, 또 결합소의 양

상은 어떤 특징을 보이는지를 살펴보고자 한다.

3.2.1 기저어의 품사

명사적 준접미사 −gut, −werk, −wesen, −zeug는 형용사적 준접미사들과는 달리 기저어의 품사로서 명사, 동사, 형용사가 모두 나타난다.[59] 그러나 기저어가 형용사인 경우는 극히 미세한 빈도만을 나타낸다.

<표−11>

준접미사 기저어	−gut	−werk	−wesen	−zeug
BS	+	+	+	+
BV	+	+	+	+
BA	+	+	+	+

본 연구의 연구 대상인 4개의 명사적 준접미사를 E. Mater의 '역순사전'에 나타난 조어 형태를 중심으로 조사해 보면 다음과 같은 결과를 확인해 볼 수 있다.[60]

---

59) 본 연구 S. 58 참조.

60) 명사적 준접미사들 역시 Mater의 사전에 제시되어 있는 조어들 가운데, Wahrig 사전에 수록되어 있는 것들만을 대상으로 하였으며, Mater 사전에 나타난 조어들의 전체 빈도수는 다음과 같다: −gut(106개), −werk(332개), −wesen(148개), −zeug(80개).

〈표-12〉

명사적 준접미사	빈도수	기저어 및 빈도수	보 기
-gut	11	DS (6) BV (4) BA (1)	BS → Landgut, Sprachgut, Steingut etc. BV → Erbgut, Mahlgut etc. BA → Gemeingut
-werk	48	BS (34) BV (10) BA (3) BPrp (1)	BS → Bildwerk, Laubwerk, Tagewerk etc. BV → Backwerk, Leitwerk, Tragwerk etc. BA → Gesamtwerk, Grauwerk, Rauchwerk BPrp → Beiwerk
-wesen	72	BS (63) BV (7) BA (2)	BS → Bergwesen, Geldwesen, Seewesen etc. BV → Erbwesen, Meldewesen etc. BA → Feudalwesen, Medizinalwesen
-zeug	25	BS (12) BV (11) BA (2)	BS → Steinzeug, Tischzeug, Verbandzeug etc. BV → Nähzeug, Schreibzeug, Waschzeug etc. BA → Halbzeug, Grünzeug

(BPrp=Basispräposition)

위의 결과를 종합하면 다음과 같다.

〈표-13〉[61]

BW s.S.	Frq	BS	A	BA	A	BV	A
-gut	11	6	54.5%	1	9.1%	4	36.4%
-werk	48	34	70.8%	3	6.3%	10	20.8%
-wesen	72	63	87.5%	2	2.8%	7	9.7%
-zeug	25	12	48%	2	8%	11	44%
총 계	156	115	73.7%	8	5.1%	32	20.5%

(s.S.=substantivische Suffixoide)

　　명사적 준접미사들의 기저어를 품사별로 구분하여 종합해 본 결과 형용사적 준접미사와 마찬가지로 명사기저어가 가장 많이 나타나며, 그에 비해 형용사와 동사기저어는 적게 나타남을 알 수 있다. 그중에서도 역시 형용사적 준접미사의 경우처럼 형용사 기저어의 빈도수가 가장 낮다. 기타 그룹에서는 아주 낮은 빈도로 전치사가 나타났다.

3.2.2 기저어의 조어구조

　　명사적 준접미사들의 기저어들은 단순어와 합성어, 파생어 등이 나타나며, 각각의 준접미사들에 따라 다르게 등장한다.

---

61) 다음 표에서는 -werk의 BPrp(1개)를 제외시킨다. 따라서 전체 빈도수와 해당 기저어들을 합한 빈도수는 일치하지 않는다.

〈표-14〉

준접미사 기저어	-gut	-werk	-wesen	-zeug
단순어	+	+	+	+
합성어	−	−	+	+
파생어	−	+	+	+

명사적 준접미사들의 기저어 가운데 -gut은 단순 기저어만이 나타나며, 단순어와 합성어, 파생어가 모두 기저어상에서 나타나는 준접미사는 -wesen과 -zeug이다.

위에 제시된 준접미사 기저어의 조어구조에 해당하는 각각의 예는 다음과 같다.

〈표-15〉

명사적 준접미사	빈도수	조어구조 및 빈도수	보 기
-gut	11	단순어 (11) 합성어 (0) 파생어 (0)	단순어 → Erbgut, Heeresgut, Sprachgut etc.
-werk	48	단순어 (45) 합성어 (0) 파생어 (3)	단순어 → Astwerk, Laubwerk, Wurzelwerk etc. 파생어 → Rettungswerk etc.
-wesen	72	단순어 (49) 합성어 (8) 파생어 (15)	단순어 → Geldwesen, Jagdwesen, Schulwesen etc. 합성어 → Eisenbahnwesen, Fernmeldewesen, Hochschulwesen etc. 파생어 → Erziehungswesen, Bildungswesen, Gesundheitswesen etc.

명사적 준접미사	빈도수	조어구조 및 빈도수	보 기
−zeug	26	단순어 (23) 합성어 (2) 파생어 (1)	단순어 → Badezeug, Nähzeug, 　　　　　Schreibzeug etc. 합성어 → Baumwollzeug, Hand− 　　　　　werkszeug 파생어 → Verbandzeug

　이들 명사적 준접미사와 결합하는 기저어들의 조어구조의 빈도 수는 다음과 같다.

〈표−16〉

명사적 준접미사	Frq	단순어	A	합성어	A	파생어	A
−gut	11	11	100%	0	0%	0	0%
−werk	48	45	93.8%	0	0%	3	6.3%
−wesen	72	49	68.1%	8	11.1%	15	20.8%
−zeug	26	23	88.5%	2	7.7%	1	3.8%
총 계	157	128	81.5%	10	6.4%	19	12.1%

　위의 표에서 보듯이 명사적 준접미사의 기저어들로는 전체적으로 단순어가 가장 빈번하게 나타나며, 합성어와 파생어의 빈도는 앞서 형용사적 준접미사들에서 합성어에 비해 파생어의 빈도가 훨씬 더 높은 것과는 달리, 경우의 차이는 있으나 대개 비슷한 양상을 보이고 있다.

　다음에서는 명사적 준접미사들과 결합하는 기저어의 조어구조를 유형별로 분류해 보고자 한다. 위에서 제시된 4개의 명사적 준접미사들과 결합하는 기저어들의 조어구조 중에서 일회적으로 나타

나는 조어구조들을 제외하고 일정한 유형을 형성하는 조어구조들
은 다음과 같다.

(BS－Basissubstantiv, BV＝Basisverb, BA＝Basisadjcktiv,
BAdv＝Basisadverb, HS＝Halbsuffixe, F＝Fugenelement,
P＝Präfix, DS＝Derivationssuffix)

1) BS＋F＋HS:
   －gut, －werk, －wesen, －zeug

2) BS ［ P＋BS ］＋F＋HS:
   －gut

3) BS ［ P＋BV＋DS ］＋F＋HS:
   －gut, －werk, －wesen

4) BS ［ BA＋DS ］＋F＋HS:
   －werk, －wesen

5) BS ［ BV＋DS ］＋F＋HS:
   －wesen

6) BS ［ BS 1＋BS 2 ］＋F＋HS:
   －wesen, －zeug

7) BS [BA+BS]+F+HS:

    －wesen

8) BV+F+HS:

    －gut, －werk, －wesen, －zeug

9) BA+F+HS:

    －gut, －werk, －wesen, －zeug

위의 9개 조어구조 유형 가운데 －gut, －werk, －wesen, －zeug 모두에 공통으로 해당되는 조어구조는 1)번, 8)번, 9)번이다. 그와 함께 과반수인 3개 이상의 명사적 준접미사의 조어구조는 3)번이다. 따라서 이들 4개의 조어구조는 위의 명사적 준접미사의 조어구조로서 비교적 일정한 유형을 형성하고 있는 것으로 볼 수 있으며, 이를 수형도로 나타내면 다음과 같다.

a. BS+F+HS

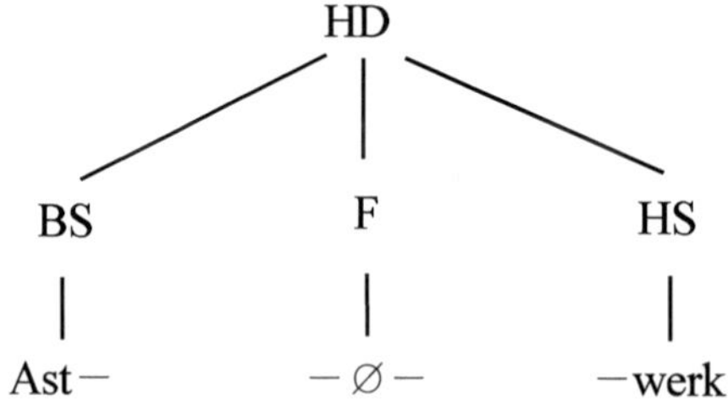

보기) Land－∅－gut, Laub－∅－werk, Buch－∅－wesen, Tisch－∅－zeug etc.

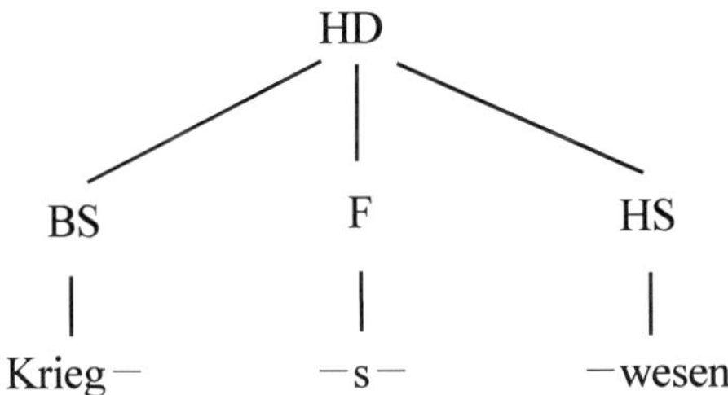

보기) Bauer－n－gut, Student－en－werk, Staat－s－wesen, Arbeit－s－zeug etc.

b. BS [P＋BV＋DS]＋F＋HS

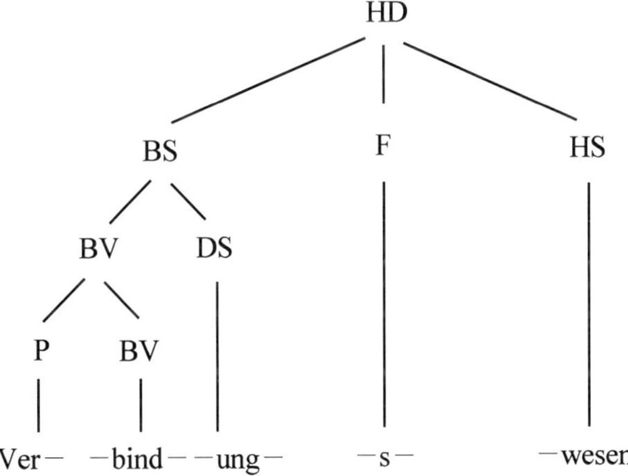

보기) Beschickung－s－gut, Zerstörung－s－werk,
Erziehung－s－wesen, Gefängnis－∅－wesen etc.

c. BV＋F＋HS

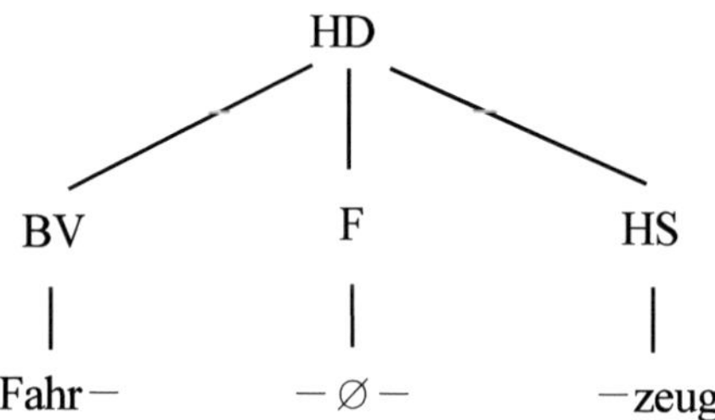

보기) Mahl－∅－gut, Trag－∅－werk, Erb－∅－wesen,
Schreib－∅－zeug etc.

d. BA＋F＋HS

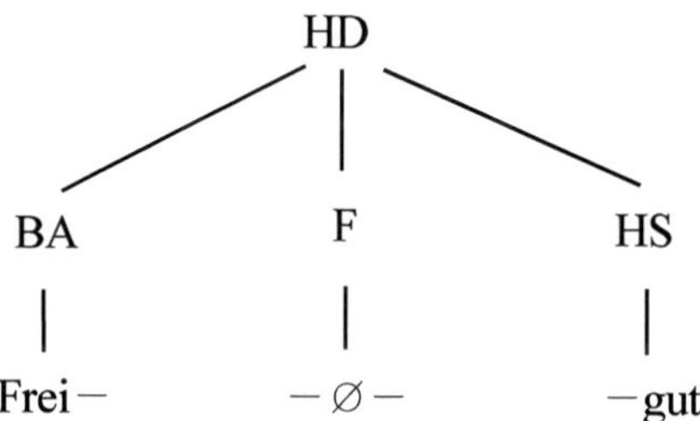

보기) Gemein－∅－gut, Grau－∅－werk, Einzel－∅－wesen,
Grün－∅－zeug etc.

3.2.3 결합소

결합소는 이전의 굴절형태소에서 생겨난 것이지만 오늘날은 더 이상 굴절형태소의 통사적 기능을 나타내는 섯은 아니며,[62] 대부분은 발음편의(euphonisch)의 목적으로 사용된 것이다.[63] 보통 명사조어에서는 몇몇 예외적인 경우를 제외하고는 형용사 기저어 뒤에 결합소가 나타나지 않으며, 그것은 준접미사로 이루어진 명사조어의 경우에도 마찬가지이다. 즉 명사적 준접미사 앞에 결합소가 나타나는 경우는 보통 그 기저어가 동사나 명사인 경우이다. 명사적 준접미사에 나타나는 결합소들의 각각에 대한 예는 다음과 같다.

1) 결합소 $-\emptyset-$

명사적 준접미사 앞에 결합소가 나타나지 않는 경우는 다음과 같다.

a. 기저어가 단음절인 명사

> 보기) Land$-\emptyset-$gut, Stück$-\emptyset-$gut; Mund$-\emptyset-$werk,
> Schuh$-\emptyset-$werk; Geld$-\emptyset-$wesen;
> Jagd$-\emptyset-$zeug etc.

---

62) Wellmann, 1995, S. 168.

63) Naumann, 2000, S. 45.

b. 기저어가 동사어간인 경우

> 보기) Raub−∅−gut, Mahl−∅−gut; Trag−∅−werk,
>
> Geh−∅−werk; Fernsprech−∅−wesen;
>
> Schreib−∅−zeug, Wasch−∅−zeug etc.

c. 기저어가 유성자음으로 끝나는 경우

기저어가 유성자음, 특히 [m], [n], [ŋ], [l], [r]로 끝나는 것은
거의 대부분 결합소가 나타나지 않는다.

> 보기) Mahl−∅−gut, Zoll−∅−gut, Stamm−∅−gut,
>
> Stein−∅−gut, Bann−∅−gut; Gang−∅−werk,
>
> Spreng−∅−werk, Tafel−∅−werk, Orgel−∅−werk,
>
> Film−∅−werk, Ton−∅−werk, Wasser−∅−werk;
>
> Fabel−∅−wesen, Einzel−∅−wesen, Heim−∅−wesen,
>
> Armen−∅−wesen, Ritter−∅−wesen, Steuer−∅−wesen;
>
> Spiel−∅−zeug, Öl−∅−zeug, Zaum−∅−zeug,
>
> Stein−∅−zeug, Grün−∅−zeug, Leder−∅−zeug etc.

2) 결합소 −e−

명사적 준접미사 앞에 나타나는 결합소 −e−는 다른 결합소들
에 비해 빈도수가 적은 편이고, 특히 −gut 앞에는 나타나지 않는
다. −e− 결합소는 대개 기저어가 동사어간인 경우 나타난다.

보기) Heb—e—werk, Häng—e—werk, Läut—e—werk;
　　　Meld—e—wesen; Bad—e—zeug etc.

3) 결합소 —(e)n—

결합소 —(e)n—은 —zeug 앞에는 나타나지 않으며, 그 외에 결합소 —(e)n—이 나타나는 경우는 다음과 같다.

a. 기저어가 —e로 끝나는 여성명사

보기) Masse—n—gut; Karte—n—werk; Hütte—n—wesen etc.

b. 기저어가 남성명사 가운데 2격형태소가 —(e)n인 경우

보기) Bauer—n—gut; Mensch—en—werk, Student—en—werk;
　　　Beamte—n—wesen etc.

4) 결합소 —er—

결합소 —er—는 명사적 준접미사 앞에서 거의 나타나지 않으며, —werk 앞에서 복수어미의 흔적으로 미세하게 나타난다.

보기) Räd—er—werk, Blätt—er—werk, Kräut—er—werk etc.

5) 결합소 ─(e)s─

명사적 준접미사 앞에 결합소 ─(e)s─가 나타나는 경우는 다음
과 같다.

a. 명사 기저어 가운데 2격형태소가 ─(e)s인 경우

보기) Glück─s─gut; Teufel─s─werk; Verlag─s─wesen;
Handwerk─s─zeug etc.

b. 기저어가 ─t로 끝나는 명사

보기) Staat─s─gut, Heirat─s─gut; Elektrizität─s─werk;
Recht─s─wesen; Arbeit─s─zeug etc.

c. 기저어가 ─ung으로 끝나는 여성명사

보기) Beschickung─s─gut; Einigung─s─werk; Rettung─s─wesen,
Rechnung─s─wesen, Zeitung─s─wesen etc.

명사적 준접미사들 앞에 나타나는 결합소들의 빈도수를 종합해
보면 다음과 같다.

〈표-17〉

결합소 준접미사	Frq	-∅-	A	-e-	A	-(e)n-	A	-er-	A	-(e)s-	A
-gut	11	9	81.8%	0	0%	1	9.1%	0	0%	1	9.1%
-werk	48	39	81.3%	1	2.1%	2	4.2%	2	4.2%	4	8.3%
-wesen	72	42	58.3%	1	1.4%	8	11.1%	0	0%	21	29.2%
-zeug	26	24	92.3%	0	0%	0	0%	0	0%	2	7.7%
총 계	157	114	72.6%	2	1.3%	11	7%	2	1.3%	28	17.8%

　　명사적 준접미사와 기저어 사이에 나타나는 결합소는 무표결합소가 대부분이며, 그 밖에 등장하는 결합소는 -(e)n-과 -(e)s-가 비교적 빈번하게 사용되고, -e-와 -er-는 아주 드물게 나타남을 알 수 있다.

　　위의 결합소들을 종합해서 결합소의 유무로 분류하면 다음과 같다.

〈표-18〉

명사적 준접미사	Frq	결합소 (-)	A	결합소 (+)	A
-gut	11	9	81.8%	2	18.2%
-werk	48	39	81.3%	9	18.8%
-wesen	72	42	58.3%	30	41.7%
-zeug	26	24	92.3%	2	7.7%
총 계	157	114	72.6%	43	27.4%

　　위의 표에서 대개 명사적 준접미사 조어 전체의 1/3가량에서 결합소가 나타남을 확인할 수 있으며, 이는 앞서 언급한 바와 같이 합성어의 통계와 유사함을 알 수 있다. 따라서 명사적 준접미사들

역시 형용사적 준접미사와 마찬가지로 합성어의 성격을 지니고 있음이 드러난다.

Ⅳ. 준접미사의 의미적인 면

　본 연구의 연구 대상인 형용사적 준접미사 －reich, －voll, －arm, －frei, －leer, －los, －fähig, －würdig는 크게 두 가지 의미범주, 즉 '소유(haben－Prädikation)'와 '양태성(Modalität)'으로 구분할 수 있다. 우선 '소유'의 의미를 나타내는 것들로는 －reich, －voll, －arm, －frei, －leer, －los가 있으며, 이들은 'viel / wenig / kein …… haben'를 나타낸다. 또한 '양태성'의 의미범주로 구분할 수 있는 것들로는 －fähig와 －würdig가 있으며, 이들은 'können', 'sollen', 'müssen' 등의 의미를 나타낸다.

　형용사적 준접미사들과 달리 앞서 제시된 명사적 준접미사 －gut, －werk, －wesen, －zeug는 '전체(Gesamtheit)'라는 하나의 공통된 의미기능만을 나타낸다.

4.1 소유(haben — Prädikation)

4.1.1 'viel …… haben'의 의미

기저어의 내용이 많이 존재함(Vorhandensein)을 나타내는 준접
미사로는 —**reich**와 —**voll**이 있다. —reich와 —voll 조어의 기저어
로는 무언가를 긍정적으로 평가하는 것을 나타내는 추상명사[64]와
부정적인 평가를 나타내는 추상명사[65]가 나타난다. 그러나 긍정적
으로 평가하는 것을 나타내는 기저어를 지닌 것이 수적으로 우세
하다.[66]

1) —reich

자립형태소와 구속형태소로 나타나는 /reich/의 사전적인 의미는
다음과 같다.

> reich = <Adj.>
> > 1. viel Geld u. materielle Güter besitzend, Überfluß
> > daran habend
> > 2. durch großen Aufwand / eine Fülle von etw. /
> > Vielfalt gekennzeichnet

---

64) 긍정적인 평가를 나타내는 조어들은 erfolgreich, freudenreich, hoffnungsvoll
등을 지칭한다.

65) 부정적인 평가를 나타내는 조어들은 listenreich, verlustreich, schmerzvoll,
sorgenvoll 등을 지칭한다.

66) Künhold / Putzer / Wellmann, 1978, S. 431.

−reich = −reich drückt aus, daß die beschriebene Sache über etw. in hohem Maße verfügt / etw. in großer Menge aufweist / bietet[67]

자립형태소 reich의 의미는 보통 '부유한(viel Geld haben)'의 의미를 지니는 데 비해, 구속형태소 −reich는 '기저어가 많이 있음(viel ⋯⋯ haben)'의 의미를 나타낸다.

보기) reicher Mann = Mann, der viel Geld hat
　　　erfolgreicher Mann = Mann, der viel Erfolg hat

−reich와의 결합은 부정적으로 평가된 사태를 나타내는 경우도 있긴 하지만, 보통 그 결합이 긍정적으로 평가될 수 있는 조어들이 수적으로 훨씬 우세하다.

보기) ein chancenreicher Nachfolger = ein Nachfolger, der viele
　　　　　　　　　　　　　　　　　Chancen hat
　　　ein verlustreiches Jahr = ein Jahr mit großen Verlusten

이 밖에도 −reich는 구체적인 명사기저어나 추상적인 명사기저어와 결합하는데, −reich의 기저어가 구체명사인 경우에는 경합관계가 나타나지 않지만, 추상명사인 경우에는 종종 −voll과 경합을 이룬다.

보기) ausdrucksreich　　≈　　ausdrucksvoll
　　　ereignisreich　　　≈　　ereignisvoll
　　　gefühlreich　　　　≈　　gefühlvoll

---

67) Duden−Deutsches Universalwörterbuch, 2003, S. 1293.

94

a. 추상명사 + −reich

−reich의 기저어가 추상명사인 경우에는 특히 '인간의 특성'과
'능력'에 관계된 것이다.

> 인간의 특성: sehnsuchts−, freude(n)−, liebreich etc.
> 지석인 능력: einfall(s)−, ideen−, geistreich etc.

b. 구체명사 + −reich

−reich의 기저어가 구체명사인 경우에는 특히 '지형', '날씨',
'식물의 일부', '말의 단위'가 나타난다.

> 지형: buchten−, hügel−, fluß−, inselreich etc.
> 날씨: nebel−, regen−, wolkenreich etc.
> 식물의 일부: blätter−, blüten−, astreich etc.
> 말의 단위: wort−, argument−, floskelreich etc.

그 밖에 −reich와 관련되어 상당수 등장하는 또 하나의 그룹은
종종 산업제품의 '원료'를 지칭하는 단어들이다.

> 원료: erz−, holz−, kalkreich etc.[68]

---

68) Künhold / Putzer / Wellmann, 1978, S. 430.

2) −voll

자립형태소와 구속형태소로 나타나는 /voll/의 사전적인 의미는
다음과 같다.

> voll = <Adj.>
> 1. in einem solchen Zustand, daß nichts, niemand mehr
>   od. kaum noch etw., jmd. hineingeht, −paßt, darin
>   Platz hat; ganz mit etw. gefüllt, bedeckt, besetzt,
>   benetzt, beschmutzt
> 2. füllig, rundlich / dicht / in kräftiger, reicher Entfaltung
> 3. völlig, vollständig, ganz, uneingeschränkt
> −voll = −*voll drückt aus,*
> 1. daß die beschriebene Person od. Sache [viel von]
>   etw. hat, von etw. [stark] durchdrungen ist, daß
>   [viel von] etw. vorhanden ist
> 2. daß die beschriebene Sache voll von jmdm., etw.
>   ist, mit jmdm., etw. gefüllt ist[69]

자립형태소 voll은 보통 '가득 찬(gefüllt)'이라는 의미로 쓰이며,
구속형태소 −voll은 '기저어가 (많이) 있음((viel) …… haben)'을
의미한다.

> 보기) ein Becher voll Milch = ein Becher, der mit Milch ganz
> gefüllt ist
> eine mühevolle Arbeit = eine Arbeit mit viel Mühe

---

69) Duden−Deutsches Universalwörterbuch, 2003, S. 1745.

−voll 조어들은 −reich 조어들에 비해 'viel'이라는 자질을 항상 가지는 것은 아니다. 예를 들어 sinnvoll과 sinnreich의 경우, sinnvoll 은 sinnreich에 비해서 더 보편적이고 의미적으로 약화되어 있다. 즉 sinnreich는 'viel Sinn haben'의 의미를 지니는 반면에 sinnvoll 은 'einen Sinn haben'의 의미를 지닌다. −voll 조어들은 아주 빈번하게 −reich 조어들과 경합을 하지만 분포 면에서는 차이를 보인다. −voll은 특히 '감정', '성격', '지적인 능력'과 결합한다. −voll 은 구체명사와의 결합은 거의 나타나지 않으며, 대부분 추상명사와 만 결합한다.[70]

a. 추상명사 + −voll

   감정: leid−, liebe−, schamvoll etc.
   성격: takt−, rücksichts−, zuchtvoll etc.
   지적인 능력: geist−, fantasie−, erkenntnisvoll etc.

b. 구체명사 + −voll

   dornen−, blutvoll[71]

---

70) Künhold / Putzer / Wellmann, 1978, S. 432.

71) Mater의 '역순사전'에 나타나는 구체명사와 결합한 −voll 조어는 전체 176개 조어 가운데 2개(dornenvoll, blutvoll)뿐이다. 그러나 Kühnhold / Putzer / Wellmann은 9개의 조어를 예로 들고 있다. 그중에서 dornenvoll, saftvoll, klangvoll, glanzvoll 이 4개의 조어는 어휘화(Lexikalisierung)의 경계(Grenze)에 있다고 하였으며, 그 밖에 나머지 구체명사는 bierkrugsvoll, bierseidelvoll, dämmervoll, farbenvoll, fischvoll이다.(ebd.)

4.1.2 wenig ······ haben

기저어의 내용이 적게 존재함을 나타내는 준접미사로는 **-arm**
이 있다.

-arm

자립형태소와 구속형태소로 나타나는 /arm/의 사전적인 의미는
다음과 같다.

> arm = <Adj.>
> 1. ohne [genügend] Geld zum Leben, wenig besitzend,
>   bedürftig, mittellos
> 2. unglücklich, bedauernswert, beklagenswert
>
> -arm = *-arm* drückt aus,
> 1. daß etw. nur in äußerst geringem Umfang
>   vorhanden ist
> 2. daß sich etw. nur in äußerst geringem Umfang
>   entwickelt, daß etw. nur in äußerst geringem Grad
>   hervorgerufen wird
> 3. daß die beschriebene Sache etw. nur in äußerst
>   geringem Grad macht / gemacht zu werden braucht[72]

자립형태소 arm은 보통 '곤궁한(bedürftig), 불쌍한(bedauernswert)' 등
의 의미를 나타내는 데 비해, 구속형태소 -arm은 '기저어가 아주 미
세한 정도로 있음(wenig ······ haben)'을 의미한다.

---

72) Duden-Deutsches Universalwörterbuch, 2003, S. 165f.

보기) der arme Alte = der Alte, der nicht genug Geld zum
Leben hat

der gemütsarme Alte = der Alte, der wenig Gemüt hat

이때 -arm은 기저어의 의미에 따라 그 존재 여부가 바람직한 장점으로도, 바람직하지 않은 결핍으로도 간주될 수 있다. 하지만 장점으로서의 의미를 가지는 -arm 조어는 상당히 드물다.[73]

보기) geräuscharme Maschinen
nikotinarme Zigaretten

landarme Bauern
fischarme Gewässer
getreidearmes Land

하지만 모든 -arm 조어가 그 자체만으로 장점이나 단점으로서의 의미가 확정되는 것은 아니다. 많은 경우에 있어서 그것은 문맥상으로 고찰해 볼 때에야 비로소 드러난다. 다음 예들의 경우는 서로 문맥에 따라 다르게 평가될 수 있다.

보기) fleischarme Kost
ein alkoholarmes Getränk[74]

---

73) Mater의 사전에 기록된 38개의 -arm 조어 중에서 기저어의 내용이 적게 존재하는 것이 장점으로 작용하는 것은 geräuscharm, nikotinarm, bitterarm, fettarm 등의 4개 조어뿐이다.

74) Fleischer, 1975, S. 279.

무엇보다 광고의 영향으로 구속형태소 ―arm과 부정적으로 평가된 명사기저어와의 결합을 통해 결과적으로 긍정적으로 평가될 만한 형용사 조어들이 생겨난다.

> 보기) im Rauch nikotinarm
> eine fettarme Kost
> kalorienarme Getränke

이러한 긍정적인 평가성분을 지닌 형용사 조어들은 대개 다이어트 요리책과 기술서적과 같은 전문적인 표현에서 나타나고, 그 속에서 지칭된 성질은 문맥상 제한되어 바람직한 것으로 나타난다.

> 보기) fettarme pflanzliche Nahrungsmittel
> streng kochsalzarme Speise
> ein möglichst schwingungsarmer Motorlauf[75]

―arm 조어의 기저어로는 인명은 거의 나타나지 않고 추상명사와 사물명칭과 결합한다. 오늘날 ―arm 조어의 기저어로는 특히 동사적 추상명사의 수가 증가하고 있다.[76]

a. 추상명사 + ―arm

gedanken―, gemüts―, ideen―, reibungs―, verzerrungsarm etc.

---

75) Künhold / Putzer / Wellmann, 1978, S. 442f.
76) ebd., S. 443.

b. 구체명사 + -arm

baum-, fett-, fisch-, volk-, wasserarm etc.

4.1.3 kein …… haben

기저어의 내용이 존재하지 않음(Nichtvorhandensein)을 나타내는 준접미사로는 **-frei**와 -leer, -los가 있다. -frei는 장점으로서의 결핍을 나타내고, -leer는 단점으로서의 결핍을 나타내며, -los는 그 결핍이 장점으로도, 단점으로도 될 수 있다.

1) -frei

자립형태소와 구속형태소로 나타나는 /frei/의 사전적인 의미는 다음과 같다.

frei=<Adj.>
> 1. sich in Freiheit befindend, unabhängig, nicht gebunden / ohne Hilfsmittel / nicht an [moralische] Normen gebunden, von [sittlichen] Vorurteilen unabhängig / (Chemie, Physik) nicht gebunden, nicht fest in den Bau des Atom[kern]s od. Moleküls eingefügt
> 2. nicht behindert, nicht beeinträchtigt
> 3. offen, unbedeckt, nicht umschloßen
> 4. unbesetzt, nicht von andern benutzt
> 5. kostenlos
> 6. (bes. Fußball) nicht gedeckt und daher anspielbar

-frei = *-frei* drückt aus,

    1. daß die beschriebene Sache nicht an etw. gebunden, nicht von etw. abhängig ist

    2. daß etw. nicht benötigt wird, nicht erforderlich ist

    3. daß etw. nicht erhoben wird, nicht geschuldet wird

    4. daß etw. nicht gemacht zu werden braucht

    5. daß etw. nicht stattfindet, daß man etw. nicht hat

    6. daß etw. nicht vorhanden ist[77]

/frei/는 주지하다시피 현대 독일어에서 아직까지 자립적으로 활발하게 쓰이고 있다. 그러나 기저어와의 결합을 통해 구속형태소로서의 쓰임도 역시 빈번하게 나타나고 있다. 자립형태소 frei는 보통 '자유로운(sich in Freiheit befindend), 예속되어 있지 않은(unabhängig)'의 의미를 나타내는 반면에 구속형태소 -frei의 경우에는 기저어와의 결합을 통해서 보통 '기저어가 없음(kein ⋯⋯ haben)'을 의미하며, 이때 기저어가 없는 것은 바람직한 것으로 간주되는 것들이다. 다음과 같은 두 가지의 결합형태를 비교해 보면 자립형태소의 의미와 구속형태소의 의미 차이를 볼 수 있다.

보기) wahlfreier Unterricht = Unterricht, nach eigener Entscheidung zu wählen

gebührenfreier Unterricht = Unterricht, der keine Gebühr hat

위의 경우 wahlfrei는 '선택의 자유가 있는'이라는 의미로서, 이때 -frei는 자립형태소의 의미를 나타낸다. 따라서 wahlfrei는 명사 Wahl과 형용사 frei의 결합으로 볼 수 있다. 그러나 gebührenfrei는

---

77) Duden-Deutsches Universalwörterbuch, 2003, S. 572.

‘수수료가 없는’이라는 의미로서, 이때 —frei는 기저어의 내용이 존재하지 않는다는 것을 나타낸다. 따라서 gebührenfrei는 명사기저어 Gebühr와 구속형태소 —frei의 결합으로 볼 수 있는 것이다.

구속형태소 —frei는 일반적으로 추상명사와 결합하며, 비교적 드물기는 하지만 사물을 지칭하는 것과의 결합도 나타난다. 그러나 사람을 지칭하는 것과 의복과 관련된 의미로서 사람의 신체의 일부를 지칭하는 것과의 결합은 의미상 자립형태소에 가깝다.

> 보기) jugendfrei = für Jugendliche zugelassen
> rückenfrei = den Rücken unbedeckt lassend
> fußfrei = den Fuß freilassend

—frei 조어의 기저어로는 추상명사가 빈번하게 나타나며, 구체명사의 경우에는 소재를 지칭하는 것이나 드물게는 생물을 지칭하는 것이 나타난다. 특히 생물의 경우는 그것이 해로운 것으로 간주될 경우에만 드물게 결합한다.[78]

a. 추상명사 + —frei

> 의무: arbeits—, dienst—, militärfrei etc.
> 금전지급: gebühren—, miet—, porto—, zoll—, zuschlagfrei etc.
> 부정적 평가: schuld—, sorgen—, straf—, sünden—, tadel—, vorwurfs—, zweifelsfrei etc.

---

78) Kühnhold / Putzer / Wellmann, 1978, S. 445.

b. 구체명사 + -frei

소재: alkohol-, fett-, gift-, holz-, nikotin-, wasserfrei etc.
생물: bakterien-, keimfrei etc.

2) -leer

자립형태소와 구속형태소로 나타나는 /leer/의 사전적인 의미는
다음과 같다.

leer=<Adj.>
      1. nicht mit etw. gefüllt; ohne Inhalt / ohne daß etw.
         auf, in etw. vorhanden ist
      2. (abwertend) unter der Oberfläche, hinter dem
         Äußeren nichts weiter enthaltend, Sinn u. Inhalt
         vermissen lassend
-leer = -*leer* drückt aus, daß etw. fehlt, nicht -obwohl
      wünschenswert- vorhanden ist[79]

자립형태소 leer의 의미는 보통 '비어 있는(nicht gefüllt)'의 의
미를 나타내며, 그에 비해 구속형태소 -leer의 의미는 '기저어가
없음(kein …… haben)'을 나타낸다.

보기) eine halbleere Flasche = eine Flasche, die zur Hälfte
                        leer ist
      freudeleeres Leben = Leben ohne Freude
                 = Leben, das keine Freude hat

---

79) Duden-Deutsches Universalwörterbuch, 2003, S. 1002f.

104

구속형태소 −leer는 추상명사 또는 구체명사와 결합하며, −leer
의 기저어가 추상명사인 경우에는 특히 인간의 특성과 관계되어
결핍을 나타낸다.

a. 추상명사 + −leer

freude−, gedanken−, geist−, inhalts−, liebeleer etc.

b. 구체명사 + −leer

luft−, menschen−, tränenleer etc.

3) −los

자립형태소와 구속형태소로 나타나는 /los/의 사전적인 의미는
다음과 같다.

los = <Adj.>
1. nicht mehr fest; gelöst, abgetrennt; von jmdm., einer
   Sache befreit sein
2. irgendetwas [Ungewöhnliches] geschieht; eine besondere
   Lage ist eingetreten
<Adv.>
1. (als Aufforderung) schnell!; ab!
2. (in Verb. mit der Präp. 'von') weg
−los = −*los* drückt in Bildungen mit Substantiven aus, daß
   etw. nicht vorhanden ist, daß die beschriebene Person
   oder Sache etw. nicht hat[80]

---

80) ebd., S. 1029f.

자립형태소 los는 보통 '분리된(abgetrennt), 해방된(befreit)' 등의 의미를 나타내며, 그에 비해 구속형태소 -los의 의미는 '기저어가 없음(kein …… haben)'을 나타낸다.

Fleischer는 구속형태소 -los가 자립형태소의 의미에서 완전히 멀어져서 'ohne'라는 일관된 의미만을 지닌다는 점에서 이를 접미사로 간주하였다. 그러나 구속형태소 -los의 의미가 자립형태소와 완전히 멀어져 있는지에 관해서는 의심의 여지가 있다.

다음은 자립적인 los의 예들이다.

> 보기) 1. Aber nun los.
> 2. Hier ist etwas los.
> 3. Er machte die Kette los.
> 4. Peter ist seine Komplexe los.

위의 예문 가운데 1번의 경우 los는 어떤 행동의 출발을 나타내는 부사로 분류될 수 있을 것이다. 2번의 경우는 관용어적인 어법으로서 'Hier ist etwas passiert'의 의미를 나타낸다. 이 두 경우에서는 los의 독립적인 의미가 확인될 수 있다. 그러나 여기에서 구속형태소 -los의 의미인 '없음(Nichtvorhandensein)'은 확인될 수 없다. 따라서 1번과 2번의 los는 자립형태소로 볼 수 있다. 3번과 4번의 경우는 문제가 좀 다르다. 이 두 가지 경우에서 los는 '결핍(Fehlen)'을 지칭한다. 즉 3번에서는 losmachen의 분리 접두사로서 'Nichtvorhandensein einer Bindung'을, 4번에서는 'Nichtvorhandensein von Komplexen'을 의미한다. 이러한 경우들에서는 둘 다 '없음'의 의미가 내재되어 있음으로 해서 자립형태소 los와 구속형태소 -los 사이의 의미관계가 존재한다고 볼 수 있다.[81] 따라서 구속형태소 -los의 의미가 세분화되지 않고 하나로 통일되어 있지만 그럼에도 아직까지 그와 유사한 의미의 자립형태소가 존재하므로 아직은 구속형태소 -los를 완전한 접미사로 볼 수 없다.

구속형태소 -los는 기저어와 결합하여 장점으로서의 결핍이나 단점으로서의 결핍을 나타낸다.

> 보기) schuldloser Mann = Mann ohne Schuld
> freudloses Leben = Leben ohne Freude

-los의 기저어로는 친족관계나 소재 또는 신체의 일부분을 지칭하는 구체명사가 빈번하게 나타나지만 -los의 기저어로 가장 많이 등장하는 것은 인간의 감정을 지칭하는 것들이다.

a. 추상명사 + -los

arg-, dank-, freuden-, fühl-, frucht-, leid-, lieb-, lust-, mitleids-, neid-, scham-, sorglos etc.

b. 구체명사 + -los

친족관계: eltern-, familien-, gatten-, kinder-, mutter-, vaterlos etc.

신체일부: augen-, finger-, fuß-, haar-, hirn-, zahn-, zungenlos etc.

---

81) Vögeding, 1981, S. 96f.

소재: fleisch-, metal-, milchlos etc.

4.2 양태성(Modalität)

4.2.1 -fähig

자립형태소와 구속형태소로 나타나는 /fähig/의 사전적인 의미는 다음과 같다.

fähig=<Adj.>
> 1. begabt, tüchtig, geschickt u. daher gestellten Aufgaben gewachsen
> 2. in der Lage / imstande sein

-fähig=-*fähig* drückt aus,
> 1. daß die beschriebene Person od. Sache etw. machen kann
> 2. daß etw. gemacht werden kann
> 3. daß die beschriebene Person od. Sache für etw. geeignet ist[82]

/fähig/로 이루어진 조어들은 보통 'können'의 의미기능을 지닌다. 자립형태소 fähig가 '재능 있는(begabt), 유능한(tüchtig)' 또는 능동적인 가능성의 '……을 할 수 있는(können)'의 의미를 가지는데 비해 구속형태소 -fähig는 능동적인 가능성 '……을 할 수 있

---

82) Duden-Deutsches Universalwörterbuch, 2003, S. 512.

는(können)'의 의미 이외에도 보통 수동적인 가능성의 '……가 될 수 있는(können ……werden)'을 의미하고, 그 밖에 '……에 적합한(geeignet)'을 의미하거나 단순히 기저어의 내용을 보충하는 부가의미만을 나타내기도 한다.

보기) 1. fähiger Mann = Mann **mit Fähigkeit**
2. schwimmfähiger Mann = Mann, der schwimmen **kann**
3. urteilsfähiger Bürger = Bürger, der (über bestimmte Dinge) **gut** urteilen **kann**
4. kochfähige Unterkleidung = Unterkleidung, die **ohne Schaden** gekocht **werden kann**
5. lagerfähiges Obst = Obst, das für die Lagerung **geeignet** ist
6. leistungsfähige Maschine=Maschine, die **viel** leistet =Maschine, die eine **gute** Leistung erbringt

위의 예들 가운데 1번에서의 fähig는 자립형태소임이 자명하지만 나머지 세 개의 예들에서는 외형적인 결합형태만 보고 －fähig가 구속형태소인지 자립형태소인지 구분이 어려울 수 있다. 그러나 위와 같이 변형을 해 볼 경우 그에 대한 구분이 가능할 수 있다. 즉 2번의 예에서 'schwimmfähig'는 능동적인 가능성의 'fähig zu schwimmen'의 의미로서 동사 'schwimmen'과 'fähig'의 결합으로 볼 수 있다. 따라서 이 경우 －fähig는 자립형태소의 의미기능을 지닌 합성성분으로 간주해야 할 것이다. 3번에서의 －fähig 역시 능동적인 가능성의 의미를 지닌 조어 성분으로 볼 수 있으나, 여기에서는 2번의 예와는 달리 단순한 가능성 이외에도 'gut' 이라는 부가자질을 지니고 있음으로 해서 자립형태소 fähig와의 의미격차를 보인다. 4번의 예에서 'kochfähig'는 수동적인 가능성 의 'fähig gekocht zu werden'의 의미뿐만 아니라 'ohne Schaden' 이라는 부가자질을 지니고, 이로써 −fähig는 자립형태소와 더 분 명한 의미 차이를 보인다. 이 밖에도 −fähig는 5번의 예와 같이 '적합성'을 의미하거나 6번의 예와 같이 본래 자립형태소의 의미 를 상실하고 'gut'이나 'viel' 등의 의미만으로 사용되는 경우들도 있다. 결국 위의 예들 가운데 1번과 2번에서의 fähig는 자립형태소 로 볼 수 있고, 그 나머지 예들에서의 −fähig는 구속형태소로서 준접미사의 형태로 간주할 수 있다. 그러나 사실상 2번과 3번의 예와 같이 능동적인 가능성을 나타내는 모든 −fähig 조어들이 항 상 분명하게 구분이 될 수 있는 것은 아니다.

보기) denkfähige Männer = Männer, die(gut) denken können

따라서 −fähig가 능동적인 가능성을 나타내는 데 있어서 합성 성분인지 파생형태소인지를 뚜렷하게 구분하는 것은 어려움이 있 음을 지적하지 않을 수 없다.

구속형태소로서 기능하는 −fähig의 의미만을 정리하면 다음과 같다.

1) 능동 가능성

−fähig 조어는 보통 능동 가능성의 의미기능을 가진다. 그러나

110

단순한 가능성 이외에도 보통 gut / leicht / viel의 부차적 특질을 지
닌다.

> 보기) konkurrenzfähiger Betrieb = Betrieb, der (mit anderen
> Betrieben) (gut) konkurrieren
> kann
> aufnahmefähige Kinder = Kinder, die viel / leicht (Eindrücke,
> Lehrinhalte etc.) aufnehmen könne
> n[83]

2) 수동 가능성

수동의 의미를 지니는 −fähig 조어는 능동의미의 −fähig 조어
에 비해 훨씬 더 자립형태소 fähig와 의미격차를 보인다.[84] 이에
해당하는 −fähig 조어는 문학 텍스트에서보다는 신문, 전문서적과
광고에서 비교적 강하게 나타난다.[85]

> 보기) transportfähiger Patient = Patient, der transportiert werden
> kann[86]
> tragfähige Strumpfhosen = Strumpfhosen, die (noch) gut
> getragen werden können[87]

---

83) Kühnhold / Putzer / Wellmann, 1978, S. 457.
84) ebd., S. 461f.
85) ebd., S. 462.
86) ebd., S. 460.
87) ebd., S. 461.

3) 적합성

－fähig 조어가 적합성의 의미를 지니는 것은 대부분 관계어가 시물인 경우이다.[88]

보기) spritzfähiger Lack = Lack, der für Spritzen geeignet ist

4.2.2 －würdig

자립형태소와 구속형태소로 나타나는 /würdig/의 사전적인 의미는 다음과 같다.

würdig = <Adj.>
    1. Würde ausstrahlend / dem (feierlichen) Anlaß, Zweck angemessen
    2. jmds., einer Sache wert / entsprechende Ehre, Auszeichnung o.Ä. verdienend
－würdig = －*würdig* drückt aus, daß die beschriebene Person od. Sache es verdient / daß etw. gemacht wird / daß sie dessen wert, würdig ist, die Voraussetzungen dafür erfüllt[89]

자립형태소 würdig는 보통 '……의 가치가 있는(wert), ……에 어울리는(angemessen)' 등의 의미로 쓰이며, 구속형태소로서의 －würdig는 기저어와 결합하여 'können', 'sollen', 'müssen'과 같은 양태성의

---

88) ebd.
89) Duden－Deutsches Universalwörterbuch, 2003, S. 1834.

의미기능을 가진다.

경우에 따라서 −würdig는 명사 Würde와 −ig의 결합으로 볼 수 있으며, 이에 해당하는 조어들은 구속형태소 −würdig라고 볼 수 없다. 그러나 glaubwürdig나 denkwürdig의 경우에는 *glaubwürde나 *denkwürde와 같은 조어가 없으므로, 이들은 동사 기저어 glauben과 denken이 −würdig와 결합한 것으로 볼 수 있는 것이다.

보기) 1. würdige Aussage = Aussage **mit Würde**
   2. menschenwürdige Haltung = Haltung, die dem Menschen /
              der Würde des Menschen
              angemessen ist
   3. verehrungswürdiger Herr = **würdig**er Herr, verehrt **zu**
              werden
   4. glaubwürdige Aussage = Aussage, die man glauben
              kann
   5. todeswürdiges Verbrechen = Verbrechen, das nur mit
              dem Tod bestraft **werden**
              kann
   6. förderungswürdiger Fremdenverkehr = Fremdenverkehr,
              den man fördern
              sollte
   7. fluchtwürdige Tat=Tat, die verflucht werden **muß**

위의 예들 가운데 1번은 자립형태소 würdig의 쓰임이며, 2번과 3번의 예는 외형상은 자립형태소인지 구속형태소인지 구분이 쉽지 않다. 그러나 변형의 결과 2번은 '인간의 품위에 어울리는'이라는 의미를 지닌 'Menschen+Würde+ig'의 결합형임을 알 수 있다. 따라서 이 경우의 −würdig는 명사 Würde와 접미사 −ig의 결합으로서 구속형태소라 볼 수 없다. 또한 3번의 예는 '존경할 만한'이라는 의미를 지닌 'Verehrung+s+würdig'의 결합형이며, 변형의 결과 'würdig …… zu'로서 이 경우의 −würdig 역시 구속형태소라 볼 수 있다. 그러나 나머지 에들에서의 −würdig는 모두 양태성의 의미기능을 가진 구속형태소, 즉 준접미사들로 간주될 수 있다.

구속형태소로서 기능하는 −würdig의 의미만을 정리하면 다음과 같다. 이에 해당하는 −würdig 조어는 세 가지 의미기능을 가지는데 '가능성 können', '당위성 sollen', '필연성 müssen' 등이 그것이다.[90]

1) 가능성

이에 해당하는 −würdig 조어는 '……할 만한'이라는 의미와 더불어 '가능성'이라는 의미 자질도 포함하고 있다.

> 보기) abbauwürdige Kohle = Kohle, die man abbauen kann
> empfehlenswürdiger Film = Film, den man empfehlen kann

2) 당위성

이에 해당하는 −würdig 조어는 '마땅히 ……할 만한'이라는 의미를 나타낸다.

---

90) Kühnhold / Putzer / Wellmann, 1978, S. 476.

보기) erhaltungswürdige Gebäude = Gebäude, die man erhalten sollte
vertrauenswürdige Person = Person, der man vertrauen sollte

3) 필연성

이에 해당하는 －würdig 조어는 '반드시 그럴 수밖에 없는'이라는 의미를 나타낸다.

보기) verabscheuungswürdige Bluttat = Bluttat, die verabscheut werden muß

－würdig로 이루어진 조어들의 기저어는 동사적 추상명사(Verbalabstrakta)와 순수한 동사어간(reinen Verbstamm)이 모두 나타나거나 둘 중 하나의 형태로 선택적으로 나타난다.[91]

보기) förderwürdig / förderungswürdiges Projekt
denkwürdiger Tag

4.3 전체(Gesamtheit)

－gut, －werk, －wesen, －zeug 이 네 개의 준접미사들에 공통으로 해당하는 특징은 첫 번째로는 이들이 모두 구속형태소로 쓰

91) Duden－Grammatik, 1998, S. 493.

일 경우 기저어에서 지칭하는 것의 전체를 의미한다는 것이다. 두 번째로는 이들이 자립형태소로 쓰일 때에는 단수와 복수가 따로 쓰이는 데 반해, 구속형태소로서 기저어와 결합하여 두 번째 성분으로 쓰일 때에는 단수로만 니디난다는 것이다. 즉 이는 이들 준접미사들이 자체적으로 복수의 의미를 포함하고 있는 집합명사라는 것을 의미하며, 이는 이들의 첫 번째 특징을 뒷받침하는 것으로 볼 수 있다.

4.3.1 −gut

자립형태소와 구속형태소로 나타나는 /gut/의 사전적인 의미는 다음과 같다.

Gut = 1. Besitz, der einen materiellen od. geistigen Wert darstellt
2. landwirtschaftlicher [Groß] grundbesitz mit den dazugehörenden Gebäuden; Landgut
3. Stück, Ware für den Transport; Frachtgut, Stückgut

−gut = −gut bezeichnet
1. in Bildungen mit Substantiven oder Verben (Verbstämmen) — selten mit Adjektiven — die Gesamtheit von Dingen, die mit etw. in Zusammenhang stehen
2. in Bildungen mit Substantiven die Gesamtheit von Personen[92]

자립형태소 Gut은 '재산, 소유물' 등의 의미를 나타내고, 구속형

---

92) Duden−Deutsches Universalwörterbuch, 2003, S. 691f.

116

태소 -gut은 '어떤 사물이나 사람의 전체'를 의미한다.

<blockquote>보기) Staatsgut = dem Staat gehöhriges Landgut
Sprachgut = alles Sprachliche, das mündlich od. schriftlich
überliefertod. gegenwärtig lebendig ist[93]</blockquote>

위의 예에서 Staatsgut은 '국가에 속하는 땅', 즉 국가 소유의 재산을 의미하며 그에 따른 복수 형태가 Staatsgüter로 존재함으로 해서 명사 Staat와 Gut이 결합한 합성어로 볼 수 있다. 그에 비해 Sprachgut은 '모든 언어 자산'이라는 뜻으로 '전체'를 의미하는 집합조어로 볼 수 있고, 그에 따른 복수 형태가 존재하지 않음으로 해서 명사기저어 Sprache와 준접미사 -gut의 결합으로 볼 수 있다.

구속형태소 -gut은 기저어와 결합하여 대부분 사물이나 추상적인 의미를 나타내며, 사람을 지칭하는 것은 비교적 드물게 나타난다.

1) 사물명칭

이에 해당하는 -gut 조어들은 보통 어떤 특정한 작업 과정에 쓰이는 소재 및 재료를 지칭한다.

<blockquote>보기) Backgut = Material, das gebacken wird
Mahlgut = Material, das gemahlen wird[94]</blockquote>

---

93) Wahrig, Bd. 5, 1984, S. 860.
94) Wahrig, Bd. 4, 1984, S. 562.

2) 사람명칭

이에 해당하는 ―gut 조어들은 비교적 드물게 나타나며, 특히 의료적인 연구 대상으로서의 인간집단을 지칭한다.[95]

> 보기) Krankengut = Gruppe von Kranken
> Menschengut = Gruppe von Menschen

3) 추상명사

이에 해당하는 ―gut 조어들은 주로 정신적, 이념적인 성질의 복합체를 지칭한다.[96]

> 보기) Gedankengut = alle / die gesamten Gedanken(eines Autors)
> Liedgut = alle / die gesamten Lieder(einer Gruppe)

4.3.2 ―werk

자립형태소와 구속형태소로 나타나는 /werk/의 사전적인 의미는 다음과 같다.

> Werk=1. einer bestimmten [größeren] Aufgabe dienende Arbeit,
> Tätigkeit; angestrengtes Schaffen, Werken
> 2. Handlung, Tat

---

95) Kühnhold / Putzer / Wellemann, 1978, S. 168.
96) Fleischer, 1975, S. 175.

3. Geschaffenes, durch [künstlerische] Arbeit Hervor −
gebrachtes

4. mit Wall u. Graben befestigter, in sich geschlosse −
ner [äußerer] Teil einer größeren Festung

5. a) technische Anlage, Fabrik, [größeres] industriel −
les Unternehmen

   b) Belegschaft eines Werkes

6. Mechanismus, durch den etw. angetrieben wird;
Antrieb, Uhrwerk o.Ä.

−werk= −*werk* kennzeichnet in Bildungen mit Substantiven

1. die Gesamtheit von etw.

2. ein Werk, das etw. darstellt oder herbeiführt, als
groß, umfangreich[97)]

자립형태소 Werk는 위에서 제시한 바와 같이 '일정한 과제에 종사하는 작업, 행위, 노력을 요하는 일이나 직업' 또는 '행동, 행위', '창작물, 예술적 작업을 통해 생산된 것', '비교적 큰 성곽의 일부', '기술적인 시설, 공장, 비교적 큰 산업체' 등의 의미를 가지고 있다. 그러나 구속형태소 −werk는 일반적으로 '기저어가 지칭하는 것의 전체'를 의미한다.

> 보기) Tagewerk = tägliche Arbeit, Aufgabe
> Laubwerk = Gesamtheit der Blätter eines Baumes
> (mit den Zweigen)

−werk 조어는 사람과 동물 명칭 기저어와는 결합하지 않으며, 그 밖에 다양한 종류의 집합명사를 형성한다.

---

97) Duden−Deutsches Universalwörterbuch, 2003, S. 1804.

1) 사 물

-werk의 기저어가 사물인 경우는 그리 많이 나타나지는 않지만, 뚜렷이 집힙명사의 성격을 지닌다. 보통 사물 기저어는 그것을 포함하는 전체를 나타냄으로써 '……류(類)'의 의미를 나타낸다.

> 보기) Faßwerk = alle / die gesamten Fässer
> Schuhwerk = alle / die gesamten Schuhe(einer Person)[98]

2) 식물과 식물의 일부

-werk의 기저어로서 식물이나 식물의 일부를 지칭하는 것은 빈번하게 나타나며, Blumen-, Kraut- 등의 식물이나, Ast-나 Blätter- 등과 같은 식물의 일부는 -werk와 결합하면서 해당 식물의 전체를 의미한다. 이에 해당하는 -werk 조어들 역시 단수로만 사용되는 집합명사를 형성한다.

> 보기) Astwerk = alle / die gesamten Äste (eines Baums)
> Blattwerk = alle / die gesamten Blätter (eines Baums)[99]

3) 작동하는 기계의 일부와 바퀴 등의 전체

-werk는 기계와 관련된 기저어와 가장 빈번하게 결합한다. 이 경우에도 단순히 장치나 시설을 의미한다기보다는 그러한 장치의

---

98) Kühnhold / Putzer / Wellmann, 1975, S. 98.
99) ebd.

전체를 의미한다.

> 보기) Tragwerk = Gesamtheit der Teile des Flugzeuges,
> die es in der Luft tragen
> Räderwerk = Gesamtheit der miteinander arbeitenden,
> ineinandergreifenden Räder einer Maschine o.
> Ä.[100]

이런 경우에 −werk는 보통 동사기저어와 결합하거나 동사의 명사형을 기저어로 한다. 이때 특정한 경우에는 −gut와의 의미적 대립관계가 성립된다.

> 보기) Mahlwerk = das, was mahlt
> Mahlgut = das, was zum Mahlen bestimmt ist[101]

4.3.3 −wesen

자립형태소와 구속형태소로 나타나는 /wesen/의 사전적인 의미는 다음과 같다.

> Wesen=1. a) das Besondere, Kennzeichnende einer Sache,
> Erscheinung, wodurch sie sich von anderem
> unterscheidet
> b) etw. was die Erscheinungsform eines Dinges
> prägt, ihr zugrunde liegt, sie [als innere

---

100) Wahrig, Bd. 5, 1984, S. 271.
101) Künhold / Putzer / Wellmann, 1975, S. 165.

allgemeine Gesetzmäßigkeit] bestimmt

2. Summe der geistigen Eigenschaften, die einen Menschen auf bestimmte Weise in seinem Verhalten, in seiner Lebensweise, seiner Art, zu denken u. zu fühlen u. sich zu äußern, charakterisieren

3. a) etw. was in bestimmter Gestalt, auf bestimmte Art u. Weise existiert, in Erscheinung tritt

b) Mensch(als Geschöpf, Lebewesen)

−wesen = −wesen bezeichnet in Bildungen mit Substantiven einen Bereich, eine Gesamtheit, die etw. in seiner Vielfalt umfaßt[102]

자립형태소 Wesen은 '사람, 현상 또는 사물, 살아 있는 개체의 독특한 속성'[103] 등의 의미를 나타내며, 구속형태소 −wesen은 '상위 개념에 속하는 기구나 사건들의 전체'[104]를 의미한다.

보기) Fabelwesen = erfundenes, fabelhaftes Wesen, Phantasieg − eschöpf

Hexenwesen = das angebliche Wesen u. Wirken der Hexen u. ihre Verfolgung als historisch− gesellschaftliche Erscheinung des 14.−18. Jh.s

Hauswesen = 1. alles, was zur Führung u. Einrichtung eines Haushalts gehört

2. die Familie, die Dienstboten, das Haus, die Stallungen usw. umfaßender Haushalt

---

102) Duden−Deutsches Universalwörterbuch, 2003, S. 1806.

103) Fleischer / Barz, 1992, S. 178.

104) ebd.

$$\text{Rechtswesen} = \text{Gesamtheit der rechtlichen Institutionen}$$
$$\text{u. der von ihnen bewirkten Vorgänge}$$

-wesen은 보통 명사기저어와 결합하며, 특히 어떤 대상을 지칭하는 명사와 결합하거나 드물게는 사람명칭과도 결합한다. 그러나 일반적으로 -wesen 조어들은 특히 행정용어로서 특정한 관할 관청을 나타내며, 그와 연관된 학술직인 문헌, 법률문헌, 신문 등에서 빈번하게 나타나고 특히 생산적이다.

> 보기) Rettungswesen = alles, was zur Rettung gehört
> Transportwesen = alles, was zum Transport gehört
> Zollwesen   = alles, was zum Zoll gehört[105]

종종 기저어만으로도 충분히 관할 관청을 표현할 수 있는 경우에도 -wesen과의 결합이 나타난다.

> 보기) Bildung - Bildungswesen
> Verwaltung - Verwaltungswesen
> Sozialversicherung - Sozialversicherungswesen

그러나 위의 경우 -wesen 조어들이 문맥 없이도 그 자체만으로 분명한 관계를 보여주는 데 반해 -wesen이 없는 조어들은 다의어적이다.[106]

---

105) Künhold / Putzer / Wellmann, 1975, S. 183.
106) Fleischer, 1975, S. 177.

4.3.4 −zeug

자립형태소와 구속형태소로 나타나는 /zeug/의 사전적인 의미는 다음과 같다.

Zeug=1. a) etw. dem kein besonderer Wert beigemessen wird, was für mehr od. weniger unbrauchbar gehalten u. deshalb nicht mit seiner eigentlichen Bezeichnung benannt wird

b) Unsinn, bes. unsinniges Geschwätz

2. a) Tuch, Stoff, Gewebe

b) Kleidung, Wäsche, die jmd. besitzt

c) Arbeitsgerät, Werkzeug

3. Geschirr der Zugtiere

−zeug= −*zeug* bezeichnet

1. in Bildungen mit Verben(Verbstämmen) die Gesamtheit von Dingen, mit denen man etw. macht, die zu etw. gebraucht werden

2. in Bildungen mit Substantiven die Gesamtheit von Dingen, die im Hinblick auf etw. gebraucht werden[107]

자립형태소 Zeug는 보통 경멸적인 의미를 내포하는 것으로서 '하찮은 것, 쓸모없는 것'을 의미하고, 그 밖에 '섬유, 의복', '그릇' 등의 의미도 나타낸다. 그에 비해 구속형태소 −zeug는 '기저어가 지칭하는 것과 연관된 행위나 도구의 전체'를 의미한다.

보기) Lederzeug = Ausrüstung, Bekleidung, Gegenstände aus Leder

---

107) Duden−Deutsches Universalwörterbuch, 2003, S. 1854.

Viehzeug = 1. Kleinvieh

2. in der Wohnung gehaltene Tiere

3. Ungeziefer u.a. lästige Tiere

Tischzeug = Gesamtheit dessen, was zum Tischdecken gehört

−zeug 조어들은 광범위한 의미에서 도구명칭(Gerätebezeichnung)으로 파악될 수 있으며, 이러한 의미에 해당하는 −zeug 조어들의 기저어로는 일상의 행위를 지칭하는 동사가 나타난다.[108]

보기) Rasierzeug = Gesamtheit der zum Rasieren notwendigen Gegenstände

Nähzeug = Gesamtheit der Utensilien, die man zum Nähen braucht

위의 예들과 같이 기저어와 관련된 행위나 도구의 전체를 의미하는 것 외에 기저어 자체의 전체를 의미하는 −zeug 조어들은 그렇게 많이 통용되지는 않으며 보통 명사 기저어가 나타난다.

보기) Schuhzeug → mehrere / viele / die gesamten Schuhe

Wurzelzeug → mehrere / viele / die gesamten Wurzeln[109]

---

108) Duden−Grammatik, 1998, S. 479.

109) Künhold / Putzer / Wellmann, 1975, S. 166.

Ⅴ. 준접미사의 실제적 적용

준접미사들의 실제적 쓰임을 알아보기 위해 본 연구에서는 독일의 대표적 시사잡지 중의 하나인 'Der Spiegel'을 선정하여 분야별 기사에 나타난 준접미사들을 조사하였다. 조사는 2003년 1월부터 6월까지 6개월간에 걸쳐 출간된 슈피겔지(Nr.1－27)의 분야별 기사 가운데 정치(Politik), 경제(Wirtschaft), 학술(Wissenschaft), 문화(Kultur), 광고(Anzeige) 등 5개 항목을 대상으로 이루어졌다. 슈피겔지는 주간잡지로서 한 달에 4권에서 5권이 출간되며, 본 연구에서 조사한 2003년 1월 1일부터 6월 30일까지의 기간에 출간된 총 권수는 27권이다.

슈피겔지에 나타난 형용사적 준접미사의 분야별 빈도수는 다음과 같다.

〈표-19〉

분야 준접미사	정치	경제	학술	문화	광고	준접미사별 합계
—arm	1	1	0	3	0	5
—fähig	58	14	13	9	15	109
—frei	12	9	16	9	19	65
—leer	1	0	4	2	0	7
—los	180	89	78	114	83	544
—reich	68	83	51	68	49	319
—voll	36	25	41	61	43	206
—würdig	16	16	7	10	1	50
분야별 합계	372	237	210	276	210	1305

위의 통계를 분야별로 살펴보면 형용사적 준접미사는 정치 분야에서 가장 많이 나타나긴 하지만 전반적으로 그 빈도수가 고르게 나타나고 있음을 볼 수 있다. 이는 형용사적 준접미사가 어떤 한 분야에만 집중적으로 나타나는 전문적인 의미기능을 지니기보다는 일반적인 의미기능을 지닌 두 번째 구성성분임을 알 수 있게 한다. 그러나 위의 통계를 준접미사별로 살펴보면 그 빈도수가 큰 차이를 보이고 있음을 알 수 있다. 즉 —los, —reich, —voll 등은 비교적 많은 빈도수를 나타내는 반면에 —arm과 —leer는 극히 적은 빈도수를 나타내고 있다. 이는 앞서 Mater 사전에 수록된 빈도수와 비례한다.[110]

다음으로 슈피겔지에 나타난 명사적 준접미사의 분야별 빈도수

---

110) 본 연구 S. 60 참조.

는 다음과 같다.

〈표-20〉

분야 준접미사	정치	경제	학술	문화	광고	순접미사별 합계
-gut	2	0	0	1	0	3
-werk	41	33	39	40	19	172
-wesen	3	1	3	0	9	16
-zeug	24	23	20	8	15	90
분야별 합계	70	57	62	49	43	281

위의 통계를 분야별로 살펴보면 명사적 준접미사는 정치 분야와 학술 분야에서 비교적 많이 나타나긴 하지만 전반적으로 그 빈도 수가 큰 차이를 보이지는 않는다. 이는 형용사적 준접미사의 경우와 유사하다. 그러나 위의 통계를 준접미사별로 살펴보면 역시 형용사적 준접미사의 경우와 유사하게 그 빈도수가 큰 차이를 보이고 있음을 알 수 있다. 즉 -werk와 -zeug는 비교적 많은 빈도수를 나타내는 반면에 -gut과 -wesen은 극히 적은 빈도수를 나타내고 있다. 그러나 형용사적 준접미사와는 달리 명사적 준접미사는 Mater 사전에 수록된 빈도수에 비례하지 않는다.[111]

다음은 분야별로 나타나는 형용사적 준접미사와 명사적 준접미사의 실례들이다.

---

111) 본 연구 S. 78 참조.

5.1 정치(Politik)

5.1.1 형용사적 준접미사

1) -fähig

a. Das Mehrheitswahlrecht übersetzt die tendenzielle Stimmung des Wahlvolkes in eine *funktionsfähige* Regierung. (Nr. 22)

b. Ist unser Staat noch *steuerungsfähig* und *reformfähig*? (Nr. 20)

c. Wir müssen die Kommunen dringend wieder *investitionsfähig* machen. (Nr. 16)

d. Mit derselben Technik läßt sich auch *atomwaffenfähiges* Uran produzieren. (Nr. 10)

2) -frei

a. In einer von der Staatsanwaltschaft bei der Fraunhofer-Gesellschaft eingeholten Expertise glauben die Berliner Beamten "eine *widerspruchsfreie* Erklärung" gefunden zu haben. (Nr. 25)

b. Zumindest kann keiner der 603 Volksvertreter auf den blauen Sesseln *zweifelsfrei* von sich sagen, daß er es gewesen ist.(Nr. 22)

3) -leer

Bei aller Kritik an der "***blutleeren*** Politik der Mitte" machte,
[······]. (Nr. 19)

4) -los

a. Der einstige FPD-Star Jürgen W. Möllemann sprang in
   einer nahezu ***ausweglosen*** Situation in den Tod. (Nr. 25)
b. Der früher viel beachtete Star im Landesparlament lief als
   fraktionsloser Abgeordneter durch die Gänge. (Nr. 25)
c. Nordkorea muß ebenso ***bedingungslos*** zur Abrüstung gezwungen
   werden wie der Irak.(Nr. 9)
d. Die Iraker hingegen führen eine ***harmlose*** Erklärung für die
   rollenden Werkstätten an.(Nr. 6)

5) -reich

a. Schon im Sommer vorigen Jahres soll sich der bekannte
   Filmproduzent Lew Rywin an den Ex-Dissidenten und
   Herausgeber der ***einflußreichen*** liberalen Zeitung "Gazeta
   Wyborcza" gewandt haben.(Nr. 4)
b. Bei der Bundesanwaltschaft besteht zwar eine ***umfangreiche***
   Aktensamm-lung.(Nr. 25)
c. Am Ostersamstag stehen in Afrikas ***bevölkerungsreichstem***

Land Präsidentschaftswahlen an.(Nr. 15)

6) -voll

a. Wo soll denn die juristisch saubere und politisch *sinnvolle* Grenze verlaufen für das, was erlaubt ist?(Nr. 26)

b. Der Bund bekommt seine Zuständigkeiten nicht mehr *gnadenvoll* von den Ländern zugesteckt.(Nr. 21)

c. Zu groß waren in deutschen Behörden die Einwände gegen einen allzu *vertrauensvollen* Austausch mit einem Apparat.(Nr. 17)

7) -würdig

a. Das ist völlig *unglaubwürdig*.(Nr. 4)

b. Ganz so *merkwürdig* ist das nicht.(Nr. 4)

c. Nur in gehörigem Abstand zur Bayernwahl bleibt sein Anspruch *glaubwürdig*.(Nr. 20)

5.1.2 명사적 준접미사

1) -gut

Geht es jetzt denn nicht vorrangig um die Bekämpfung des *Gedankenguts.* (Nr. 22)

2) ―werk

a. Die Regierung vermutete das weltweit operierende
   Terrornetzwerk Al Quider hinter den Anschlägen. (Nr. 22)
b. Wachsam, mißtrauisch immer wieder in die saftig grüne
   Wand aus ***Buschwerk*** und Lianen hineinhorchend, quält
   sich der Troß durch das Unterholz. (Nr. 18)

3) ―wesen

a. [……], in diesem Jahr endlich die Probleme im
   Gesundheitswesen anpacken. (Nr. 4)
b. [……], in den Untereinheiten das ***Hochschulwesen*** und den
   Naturschutz zu reglementieren. (Nr. 21)
c. Die größte Gefahr für das ***Fernmeldewesen,*** heißt es
   [……]. (Nr. 4)

4) ―zeug

Fünf Jahre später taucht das ***Teufelszeug*** wieder aus der
Versenkung auf. (Nr. 18)

5.2 경제(Wirtschaft)

5.2.1 형용사적 준접미사

1) -fähig

a. Auf der anderen Seite verlangen die Fahrgäste ein flächendeckendes und vor allem *konkurrenzfähiges* Angebot. (Nr. 22)

b. *Vermittlungsfähige* Jobsuchende werden in ABM geparkt. (Nr. 16)

c. Von einem *funktionsfähigen* Wettbewerb kann keine Rede mehr sein.(Nr. 7)

2) -frei

a. Palettenweise ging die westliche Ware in die Kasernen, *zollfrei* und *steuerfrei*.(Nr. 4)

b. [······], die Auslandsgelder *strafffrei* nach Deutschland zurückzuholen.(Nr. 5)

c. [······], daß ansonsten Betrüger mit *pfandfreien* Dosen und Flaschen [······].(Nr. 3)

3) −los

a. Das war noch stiller als das *farblose, geschmacklose* und *geruchlose* Wasser selbst.(Nr. 4)

b. Das alte System sei im Europa der *grenzenlosen* Niederlassungsfreiheit gar nicht zu halten.(Nr. 26)

c. Angesichts der "Schieflage der Lufthansa", protestiert einer der Kritiker auf der Homepage des Konzerns, sei die geplante Erhöhung der Mandatsgelder nun verschämt und *instinktlos.*(Nr. 23)

d. Mit Preissenkungen, Benzingutscheinen und *zinslosen* Krediten versuchen die Konzerne.(Nr. 23)

4) −reich

a. Bisher hatte sich die Regierung in Bern *erfolgreich* geweigert, Steuerhinterziehungen als geldwäscherelevanten Tatbestand zu betrachten.(Nr. 26)

b. Die Entscheidungen *zahlreicher* Arbeitsgerichte, nach denen die IG Metall Arbeitswilligen den Zugang zum Werk ermöglichen muß, lassen den Ausstand vielerorts ins Leere laufen.(Nr. 26)

c. Das *traditionsreiche* Haus wurde beim Kampf um die Neuordnung des deutschen Musical−Marktes regelrecht geopfert.(Nr. 26)

134

5) −voll

a. Die Faszination des Hauses mit seiner *prachtvollen* Fassade aus schlesischen Granit und istrischem Kalkstein lockte auch Politiker verschiedenster Couleur−nicht immer zum Vorteil des Hauses.(Nr. 26)

b. Es war der *glanzvolle* Weg vom Millionenerben über den Internet−Unternehmer zum Investor und am Ende gar Besitzer einer Frankfurter Traditionsbank.(Nr. 25)

c. Wie Geld verdunstet, führte *eindrucksvoll* die Berliner Bfs vor.(Nr. 6)

6) −würdig

a. Falk vermittelt immer den Eindruck des *ehrwürdigen* Unternehmers.(Nr. 25)

b. Sein Kollege aus Baku hatte offenbar keine *vertrauenswürdige* Verwandtschaft.(Nr. 14)

c. Es kam zu einer kuriosen Sitzung mit *merkwürdigen* Protokollen.(Nr. 9)

d. Der Schutz wendet sich gegen die *Schutzwürdigen.*(Nr. 5)

5.2.2 명사적 준접미사

1) −werk

a. Eine gewaltige Klagewelle bereitet das Kölner Stromun−
ternehmen Yello gegen zahlreiche ***Stadtwerke*** vor.(Nr. 23)

b. Die−35−Stunden−Woche wird zwar in der Mini−Elite
einiger Dutzend gut verdienender ***Autowerke*** und
Zulieferbetrieben eingeführt.(Nr. 23)

c. Jahrelang konnten die Großaktionäre BGAG und Deutscher
Beamtenbund üppige Dividenden aus dem ***Beamtenheim−***
stättenwerk einstreichen.(Nr. 20)

2) −wesen

"Wenn eine Beitragsanpassung wegen Kostensteigerungen im
Gesundheitswesen nötig ist", [······].(Nr. 3)

3) −zeug

Der wiederum hat die ***Fahrzeuge*** billig aus einem anderen EU
−Land eingeführt.(Nr. 23)

5.3 학술(Wissenschaft)

5.3.1 형용사적 준접미사

1) -fähig

a. In einer Wirtszelle treten sie zunächst nur als unförmige Proteinklumpen auf, die nicht *vermehrungsfähig* sind.(Nr. 19)

b. Die Nektarsammler werden ihrem schlimmsten Feind direkt ausgesetzt; in einer Art Survivaltest werden so die *Widerstandsfähigsten* ausgelesen.(Nr. 17)

c. Denn ob es gelingt, Tidenstrom jemals zu *wettbewerbs-fähigen* Preisen zu produzieren.(Nr. 24)

2) -frei

a. Danach soll das staatliche "Israel Transplant"-Zentrum jedem Spender etwa einer Niere oder eines Leberteils eine *steuerfreie* Prämie zahlen.(Nr. 4)

b. Alle bisher aufgetretenden Schäden sollen zu 100 Prozent *kostenfrei* repariert werden.(Nr. 4)

c. Gemeinhin vertraue die Prognosebranche zu sehr auf eine *"überraschungsfreie* Standardzukunft".(Nr. 19)

d. Viel weniger Beachtung hingegen fanden *wartungsfreie*

Abwasserventile.(Nr. 16)

3) −leer

a. Doch jetzt ergab eine Inventur in der Republik Kongo und in Gabun: Der Wald ist vielerorts *menschenaffenleer*.(Nr. 15)

b. Hotels, Restaurants und Plätze sind *menschenleer*.(Nr. 15)

c. Ursache der Qualen sind meist jene *blutleeren* Puffer.(Nr. 14)

4) −los

a. Völlig abgeschottet vom Wärmestrom gemäßigter Breiten ist die *baumlose* und *strauchlose* Antarktis auch der einzige Kontinent.(Nr. 4)

b. Damals irrte er auf der tibetischen Nordseite zwei Tage *orientierungslos* im Schneesturm umher.(Nr. 18)

c. Der Mensch ist mehr als eine *willenlos* an den Strängen der Doppelhelix hängende Marionette.(Nr. 9)

5) −reich

a. Doch im eigentlichen Brennpunkt der Machtinteressen *zahlreicher* Nationen steht seit jener die weniger eisige Antarktische Halbinsel.(Nr. 4)

b. Internationaler Druck ist dabei *hilfreich*.(Nr. 23)

c. Zum ersten Mal seit zehn Jahren fließen wieder große Mengen *sauerstoffreichen* Nordseewassers in das Baltische Meer.(Nr. 5)

6) —voll

a. Jedes Mal wird *wertvolle* Energie vergeudet.(Nr. 26)

b. Wir haben unsere Verwundbarkeit als *schmerzvollen* Schock am 11. September erlebt.(Nr. 23)

c. Schon eine Dreiviertelstunde vor Vorlesungsbeginn ist der große Hörsaal im Kupferbau *prolenvoll* —mit 700 Kindern. (Nr. 21)

7) —würdig

a. Eine Erklärung für die *merkwürdigen* Doppelgänger hat Väinölä noch nicht.(Nr. 22)

b. In dieser Woche jährt sich jener *denkwürdige* Samstag zum 50. Mal.(Nr. 9)

5.3.2 명사적 준접미사

1) —werk

a. Mehr als zehn Jahre lang recherchierte er in historischen Garten Zeitschriften, Reiseberichten und *Florenwerken.* (Nr. 23)

b. Hölzerne Plattformen mit *Flechtwerk* als Nestunterlage entlasten. (Nr. 19)

2) —wesen

Bisher galten Stammzellen nur in *Lebewesen* als Alleskönner. (Nr. 19)

5.4 문화(Kultur)

5.4.1 형용사적 준접미사

1) —fähig

a. In den Augen der Bayreuther Heilsarmee war Minna schlichtweg nicht *salonfähig.*(Nr. 20)

b. Waren sie nicht *einsatzfähig*?(Nr. 10)

c. Wir sollten das Unvollkommene nicht immer nur schmähen, sondern es für durchaus *zustimmungsfähig* halten.(Nr. 9)

d. Auch die ehemaligen Genossen der Kranken erweisen sich als nur bedingt *täuschungsfähig*.(Nr. 6)

2) −frei

a. Obwohl sie erwischt wurden, blieben sie *straffrei*.(Nr. 26)

b. Ich mag keine 60 Jährigen, die immer noch *bauchfrei* auftreten.(Nr. 25)

c. Musikalisch hat München jüngst *palaverfrei* sein Haus bestellt.(Nr. 9)

3) −leer

Höfer fotografiert am liebsten imposante und *menschenleere* Innenräume.(Nr. 25)

4) −los

a. Warum er Untersuchungshaft und eine Gefängnisstrafe seinerzeit recht *klaglos* hinnahm, erklärt er nicht.(Nr. 26)

b. Ein lyrischer Koloratursopran, der in der Wiener Staatsoper *mühelos* alle Partner übertönt.(Nr. 25)

c. Im New Yorker Whitney Museum sind vom 14. Juni an außerdem ihre in *schlaflosen* Nächten entstandenen legendären "Insomnia"−Zeichnungen zu sehen.(Nr. 23)

d. Das Land steht vor der *bedingungslosen* Kapitulation.(Nr. 16)

5) −reich

a. Dort nämlich bereiteten *einflußreiche* Mäzene einen Deal vor.(Nr. 17)

b. Jetzt widmet das Kunsthaus im österreichischen Bregenz der Japanerin eine *umfangreiche* Schau.(Nr. 7)

c. Wie Becketts Godot taucht auch er nur in *wortreicher* Beschwörung, nie in Person auf.(Nr. 6)

d. In der zweiten Heidenreich−Sendung wird am kommenden Dienstag Deutschlands bislang *einflußreichster* Literatur−Empfehler Marcel Reich zu Gast sein.(Nr. 24)

6) −voll

a. Doch manchmal sind ganz praktische Zeichen des Gedenkens *eindrucksvoller* als nachgestellte Spielfilmszenen.(Nr. 25)

b. Das Pferd verbindet ein *geheimnisvolles* Band.(Nr. 16)

c. Den Höhepunkt seiner Inszenierung sparte sich Saatchi für den *prunkvollsten* Saal auf.(Nr. 16)

d. Nur dank der brillanten Hauptdarstellerin Salma Hayek

142

vorkommt die Sightseeing Gewalttour durch das *lustvolle* und *leidvolle* Liebesdrama.(Nr. 10)

7) −würdig

Ich bin bestimmt kein besonders *liebenswürdiger* oder vorbildlicher Mensch.(Nr. 19)

5.4.2 명사적 준접미사

−werk

a. Leichter zu vertreiben sind tatsächlich Werke, die nicht wie Cellinis Salzfass in jedem *Überblickswerk* zur Kunstge−schichte abgebildet werden.(Nr. 21)

b. Heute sehnen wir uns nach einem *Schlüsselwerk.*(Nr. 20)

c. Auf dem Flur des zweiten *Stockwerks* probt eine Gruppe von 22 Schauspieler.(Nr. 4)

5.5 광고(Anzeige)

5.5.1 형용사적 준접미사

1) ―fähig

a. *Leistungsfähig* ― bis zu 1.600 Blatt für kontinuierlichen Druck ohne Überwachung.(Nr. 4)
b. Die private Krankenversicherung hat die Lösungen für ein *zukunftsfähiges* Gesundheitswesen schon heute.(Nr. 24)

2) ―frei

a. Entscheiden Sie sich für Griechenland, um *stressfreie* Urlaubstage zu genießen.(Nr. 24)
b. Erwerb und Verwaltung sind bei der Bundeswehrpapierver― waltung *gebührenfrei.*(Nr. 27)

3) ―los

a. Günter Ogger über den *gnadenlosen* Überlebenskampf in einer außer Kontrolle geratenen Wirtschaft.(Nr. 4)
b. "Die Denker und der Krieg" ― *sprachlos, ratlos,* kämpferisch!(Nr. 4)
c. Ein *kostenloser* Service, den wir von Continental nur unterstützen können.(Nr. 24)

d. Sprechen Sie mit Ihrem Reisebüro über die spannendsten Aspekte und genießen Sie einen *sorglosen* Urlaub.(Nr. 22)

4) −reich

a. Wenn Sie viel mitzuteilen haben, wird Sie das neue Nokia 6800 Mobiltelefon mit seinen *umfangreichen* Mitteilungsfunk−tionen begeistern.(Nr. 23)

b. Machen Sie sich mit Deutschlands größter überregionaler Abo−Tageszeitung ein paar *ereignisreiche* Wochen, ohne irgendwelche weiteren Verpflichtungen einzugehen.(Nr. 23)

c. Entdecken Sie das *traditionsreiche* Kunsthandwerk.(Nr. 22)

d. Diese Notebooks mit Intel Centrino Mobiltechnologie bieten die nötige Leistung für die *anspruchsvollsten* Anwendungen. (Nr. 27)

e. Wie kann ich trotzdem *erfolgreich* investieren?(Nr. 16)

5) −voll

a. *Wertvolle* Bonuspunkte, die Ihnen eine exklusive Prämienwelt eröffnen.(Nr. 24)

b. Kombiniert mit präziserem Handling und dem *kraftvollen* Antrieb eines 2,0ℓ 16 v−Motors.(Nr. 22)

c. Der härteste Crashtest Europas ist in seiner Bewertung jetzt noch *anspruchsvoller* geworden.(Nr. 22)

6) −würdig

Finanzmärkte: Arthur Levitt, Ex−Chef der US−Börsenaufsicht
SEC, über *unglaubwürdige* Banker.(Nr. 27)

5.5.2 명사적 준접미사

1) −werk

a. Kraftvolle Motoren mit bis zu 122km und ein sportliches
Fahrwerk nach dem Vorbild des Mazda MX−5 sorgen für
so viel Dynamik und Vorwärtsdrang, [······].(Nr. 25)
b. Vom stärksten serienmäßigen *Flugzeugtriebwerk* der Welt
bis zu einer der größten Windturbinen.(Nr. 25)

2) −wesen

Sie harmoniert mit allen Komponenten des *Rechnungswesen.*
(Nr. 21)

3) −zeug

Das Sondermodell Skoda Octavia Collection ist *der Kronzeuge.*
(Nr. 16)

Ⅵ. 결 론

　　본 연구에서는 이제까지 준접미사에 대한 개념을 규정해 보고자 여러 학자들의 견해를 비교 분석하여 그를 토대로 새로운 준접미사의 기준을 제시해 보았다. 또한 이러한 준접미사의 기준을 적용시켜 보기 위해서는 여러 학자들마다 다르게 주장하는 준접미사들의 종류를 일괄적으로 모두 검토해 보기는 불가능한바, 특히 Fleischer, Erben, Kühnhold / Putzer / Wellmann과 Duden에서 제시하는 준접미사들 가운데 공통되는 것들을 대상으로 총 8개의 형용사적 준접미사와 4개의 명사적 준접미사를 표본으로 채택하였다. 우선 이들 12개의 준접미사들이 앞서 2장에서 제시한 준접미사의 기준에 적합한지 여부를 검증하기 위해 이들의 형태적인 구조와 의미적인 기능을 3장과 4장에서 살펴보았으며, 이제 그에 따라 다음에서는 12개의 준접미사들 각각을 본 연구에서 제시한 준접미사의 기준에 적용시켜 봄으로써 그 기준의 타당성에 대한 근거를 마련해 보고자 한다.

　　2장에서 제시한 준접미사의 기준은 다음과 같다.

　　첫째, 준접미사는 계열을 형성한다.
　　둘째, 준접미사는 자립형태소와 의미적인 차이를 나타낸다.

셋째, 준접미사는 첫 번째 구성성분 없이는 의미적 역할을 수
행할 수 없다.
넷째, 준접미사 조어에는 결합소가 나타난다.
다섯째, 준접미사는 일정한 의미범주를 형성한다.

위의 다섯 가지 기준에 12개 준접미사들을 적용시켜 보면 다음과 같다.

첫째, 준접미사는 계열을 형성한다.

계열형성이란 어떤 조어구조와 유사한 조어들이 빈번하게 등장
하면서 일종의 계열을 이루는 것을 말한다. 앞서 언급하였듯이 계
열형성이란 얼마만큼을 계열이라 해야 하는지 그 기준이 애매하다
는 지적을 받기도 하지만 일회적인 조어는 준접미사로 간주할 수
없기에 이것은 준접미사의 가장 기본 조건이기도 하다. 본 연구에
서는 E. Mater의 '역순사전'에 나타난 12개 준접미사들의 전체 조
어 가운데 특히 'Brockhaus – Wahrig Deutsches Wörterbuch'에 그
의미가 기재된 것들을 기준으로 빈도수를 조사하였으며, 그 결과
는 다음과 같다.

<형용사적 준접미사>

준접미사	−arm	−fähig	−frei	−leer	−los	−reich	−voll	−würdig
빈도수	22	75	62	10	290	82	119	34

<명사적 준접미사>

준접미사	−gut	−werk	−wesen	−zeug
빈도수	11	48	72	25

위의 결과를 보면 빈도의 차이는 있지만 준접미사들은 계열을 이루고 있다고 말할 수 있다. 계열형성은 보통 접미사의 성질이지만 합성어의 경우에도 의미 변화 없이 계열을 이루며 나타나는 것들이 있어서 이 계열형성이란 성질은 파생어만의 고유한 성질이라 말하기 어렵다. 다시 말해서 계열형성은 접미사의 성질일 수도 합성어의 성질일 수도 있다. 이렇듯 계열형성은 합성어와 파생어에 모두 해당하는 성질로서 그 중간단계에 있는 준접미사에 있어서는 기본적인 전제조건이라 말할 수 있다.

둘째, 준접미사는 자립형태소와 의미적인 차이를 나타낸다.

준접미사와 그에 해당하는 자립형태소의 의미적 차이는 다음과 같다.

   arm   '가난한, 불쌍한'
−arm   기저어가 지칭하는 것이 '아주 미세한 정도로 있음'

   fähig   '재능 있는, 유능한, ……을 잘할 수 있는'
−fähig   '……을 (쉽게, 잘) 할 수 있는, ……가 될 수 있는, ……에 적합한'

   frei   '자유로운, 구속받지 않는'
−frei   기저어가 지칭하는 것이 '없음'

   leer   '비어 있는'
−leer   기저어가 지칭하는 것이 '없음'

los '풀어진, ……로부터 떨어진, 자유로운, 무언가 특별한 일
      이 발생한, 시작'
−los 기저어가 지칭하는 것이 '없음'

reich '부유한'
−reich 기저어가 지칭하는 것이 '많이 있음'

voll '가득 찬, 풍부한, 완전한'
−voll 기저어가 지칭하는 것이 '(많이) 존재함'

würdig '……의 가치가 있는, ……에 어울리는, 품위 있는'
−würdig '……될 만한 가치가 있는, (마땅히) ……할 만한, 반
          드시 그럴 수밖에 없는'

Gut '재산, 소유물'
−gut '어떤 사물이나 사람의 전체'

Werk '일정한 과제에 종사하는 작업, 행위, 노력을 요하는 일
       이나 직업, 행동, 행위, 창작물, 예술적 작업을 통해 생
       산된 것, 비교적 큰 성곽의 일부, 기술적인 시설, 공장,
       비교적 큰 산업체'
−werk 기저어가 지칭하는 것의 '전체'

Wesen '사람, 현상 또는 사물, 살아 있는 개체의 독특한 속성'
−wesen '상위 개념에 속하는 기구나 사건들의 전체'

Zeug '하찮은 것, 쓸모없는 것, 섬유, 의복, 그릇'
−zeug 기저어가 지칭하는 것과 연관된 '행위나 도구의 전체'

위에서 제시된 준접미사들은 그와 동일한 형태의 자립형태소가

현재 독립된 의미기능을 가지고 사용되고 있음으로 해서 완전한 접미사로 볼 수 없다. 또한 다른 한편으로는 준접미사들의 의미가 자립형태소의 의미와 완전히 동일하진 않다는 점에서 준접미사들을 합성어의 구성성분으로도 보기 어렵게 만든다. 그러나 순접미사의 의미는 자립형태소의 의미와 완전히 동일하진 않지만 그렇다고 완전히 다르지도 않다. 이때 Stepanowa가 제시한 준접미사의 조건들 가운데 두 번째 조건이 중요하다.

자립적으로 기능하는 단어의 어근과 어원론적으로 연관이 있어야 하며, 이때 아무런 친족관계도 아닌 어근과 우연히 음성적으로만 일치하는 것은 제외된다.[112]

즉 준접미사와 자립형태소가 외형적으로만 일치할 뿐이고 어원적으로 전혀 아무런 연관이 없다면 그것은 Lehrer의 −er와 남성 3인칭 대명사인 er와 같은 동음이의어일 뿐이다. 준접미사는 동형의 자립형태소와 어원론적인 연관이 있으면서 의미적인 차이가 있어야 한다. 위에서 제시된 12개의 준접미사들은 자립형태소와 의미적인 차이를 보이긴 하지만 어원론적으로 아무런 연관이 없다고 보기 어렵다.

셋째, 준접미사는 첫 번째 구성성분 없이는 의미적 역할을 수행할 수 없다.

준접미사가 첫 번째 구성성분 없이 의미적 역할을 수행할 수 없다는 것은 준접미사로 이루어진 조어들의 경우 첫 번째 구성성분

---

112) 본 연구 S. 32 참조.

에 의미핵이 있다는 것을 뜻한다. 이를 확인하기 위해 Urbaniak은 삭제실험을 도입하여 설명하였다. 즉 준접미사로 이루어진 조어의 경우 첫 번째 구성성분을 삭제하면 전하고자 하는 의미가 완전히 달라지고, 그에 따라서 제대로 된 의미역할을 수행할 수 없다는 것이다. 예를 들어 tonnenschwere Last '여러 톤 무게의 짐'은 동시에 schwere Last '무거운 짐'이기도 하다. 그러나 knitterarmes Kleid '구김살이 안 가는 옷'은 armes Kleid '남루한 옷'이 아니다. 즉 knitterarm에서 −arm은 첫 번째 구성성분인 knitter− 없이는 의미적 역할을 수행할 수 없다. 이를 수학 기호를 이용하여 나타내면 다음과 같다.

$$\text{tonnenschwere Last} \risingdotseq \text{schwere Last}$$
$$\text{knitterarmes Kleid} \neq \text{armes Kleid}$$

위의 예와 같이 tonnenschwer와 tonnen−이 생략된 schwer는 유사한 의미를 나타내는 반면에 knitterarm과 knitter−가 생략된 arm은 아주 완전히 다른 의미가 된다. tonnenschwer의 경우에는 첫 번째 구성성분인 tonnen−이 생략되어도 경중의 차이만 있을 뿐, 큰 문제없이 의미전달이 가능하다. 이 경우에는 오히려 −schwer가 생략되면 제대로 된 의미전달이 불가능하다. 그러나 knitterarm의 경우에는 제대로 된 의미역할을 수행하기 위해서는 첫 번째 구성성분인 knitter−를 생략할 수 없다. 따라서 −arm은 혼자서는 완전하게 의미역할을 수행할 수 없는바, 준접미사로 볼 수 있는 것이다.

이를 다른 준접미사들을 예로 들어 설명하면 다음과 같다.

die gefühls**arm**e Erziehung ≠ arme Erziehung

transport**fähig**er Patient ≠ fähiger Patient

alkohol**frei**es Bier ≠ freies Bier

blut**leer**e Politik ≠ leere Politik

halt**lose** Verdächtigungen vor Wahlen ≠ lose Verdächtigungen
vor Wahlen

die im Irak sieg**reich**en Amerikaner ≠ die im Irak reichen
Amerikaner

politisch sinn**volle** Grenze ≠ volle Grenze

der merk**würdig**e Tod ≠ würdige Tod

die Bekämpfung des Gedanken**gut**s ≠ die Bekämpfung des Guts

das krumme Ast**werk** ≠ das krumme Werk

die Erneuerung des Schul**wesen**s ≠ die Erneuerung des Wesens

das reine Tisch**zeug** ≠ das reine Zeug

위에서와 같이 12개의 준접미사들은 모두 첫 번째 구성성분 없
이는 완전한 의미기능을 수행할 수 없다는 것을 확인할 수 있다.
따라서 위와 같은 준접미사 조어들에서는 의미핵이 첫 번째 구성
성분에 있고, 준접미사는 보조적인 의미기능을 맡고 있는 것으로
간주할 수 있다.

넷째, 준접미사 조어에는 결합소가 나타난다.

각각의 준접미사들에서 나타나는 결합소와 그 비율을 살펴본 결과는 다음과 같다.

<형용사적 준접미사>

준접미사	−arm	−fähig	−frei	−leer	−los	−reich	−voll	−würdig
결합소	−(e)n/ −(e)s	−(e)n/ −(e)s	−(e)n/ −(e)s	−(e)n/ −(e)s	−(e)n/−er −(e)s	−(e)n/−er −(e)s	−(e)n/ −(e)s	−(e)n/ −(e)s
비율	5(22.7%)	41(54.7%)	22(35.5%)	4(40%)	94(32.4%)	32(39%)	50(42%)	24(70.6%)

<명사적 준접미사>

준접미사	−gut	−werk	−wesen	−zeug
결합소	−(e)n/ −(e)s	−e/−(e)n/ −er/−(e)s	−e/−(e)n/ −(e)s	−(e)s
비율	2(18.2%)	9(18.8%)	30(41.7%)	2(7.7%)

결합소는 합성어에서 주로 나타나는 것으로 파생어에 있어서는 특정한 파생접미사 앞에서 극히 제한적으로만 등장한다. 이로써 결합소는 합성어의 성격이라 간주할 수 있다. 특히 Duden−Grammatik에 의하면 합성어의 경우에 전체의 약 1/3가량에서 결합소가 나타난다고 하였는데, 위의 결과에서 형용사적 준접미사는 전체에 대한 각각의 준접미사의 비율이 다소간의 차이는 있지만 대개 Duden−Grammatik의 결과와 유사하다. 따라서 형용사적 준접미사는 결합소의 기준으로 볼 때 아직은 합성성분에 가깝다고 볼 수 있다. 그러나 명사적 준접미사의 경우에는 결합소가 나타나는 비율이 −wesen을

제외하고는 모두 1/3 선에 상당부분 미치지 못하고 있으며 이는 형용
사적 준접미사보다는 명사적 준접미사가 좀 더 접미사로 전향하고
있음을 보여주는 결과임을 알 수 있다. 그러나 위에서 제시된 형용사
적 준접미사나 명시적 준접미사들은 모두 결합소들이 일징비율로 나
타남으로 해서 아직은 완전한 접미사로 볼 수 없다.

다섯째, 준접미사는 일정한 의미범주를 형성한다.

준접미사들은 다음과 같이 일정한 의미범주를 형성한다.

형용사적 준접미사	－reich	'viel …… haben'
	－voll	
	－arm	'wenig …… haben'
	－frei	'kein …… haben'
	－leer	
	－los	
	－fähig	'können …… (werden)'
	－würdig	
명사적 준접미사	－gut	'Gesamtheit von ……'
	－werk	
	－wesen	
	－zeug	

위의 표에서 제시된 형용사적 준접미사들은 총 5개의 의미범주를 가지고 있으며, 이 중에서 -arm 조어만이 단독의 의미범주를 나타내고 있다. -arm과는 달리 동일한 의미범주에 함께 속해 있는 다른 형용사적 준접미사들은 서로 간에 의미적인 경합을 보이기도 한다. 위에서 제시된 명사적 준접미사들은 4개 모두가 동일한 의미범주로 분류될 수 있으며, 이들 역시 서로 일정한 의미적 경합을 보인다. 이렇듯 12개 준접미사는 모두 일정한 의미범주를 형성하며, 이것은 이들 준접미사들이 파생접사로 향하는 길 위에 있음을 보여주는 예가 될 수 있을 것이다. 이들 가운데에는 기존의 접미사와 경합을 벌이면서 점차 파생접사로 전향하는 성격을 보이기도 한다.

조어론에 관련된 많은 저서에서 준접미사에 대한 언급은 빠짐없이 등장한다. 준접미사를 인정하는 학자들뿐만 아니라 준접미사를 인정하지 않는 학자들의 저서에서도 역시 준접미사는 그냥 지나칠 수 없는 문제로 언급되고 있다. 준접미사를 인정하지 않는 학자들은 대부분 조어의 종류를 크게 합성어와 파생어만으로 구분하려 한다. 그러나 합성어와 파생어의 정확한 경계설정에는 한계가 있으며 합성어와 파생어 사이에 과도기가 있음은 부인할 수 없다. 또한 앞서 살펴보았듯이 준접미사들을 인정하는 학자들 사이에도 그 기준의 다양성으로 인해 준접미사의 개념과 범위에 대해 의견 일치가 되어 있지 않음을 알 수 있다. 따라서 본 연구의 표본조사 대상이었던 12개의 준접미사들 외에도 학자들에 의해 서로 다르게 주장되고 있는 더 많은 다른 준접미사들에 대한 확인도 중요하며 이에 대한 연구는 앞으로 계속되어야 할 것이다. 또한 본 연구의

연구 결과 준접미사는 합성어로 간주할 수도, 파생어로 간주할 수
도 없는 조어유형으로서 그의 정확한 상태설정이 필요하다. 따라
서 준접미사의 조어과정을 준합성어(Halbkomposition)라 분류해야
히는지, 준피생이(Halbderivation)라 분류해야 하는시, 아니넌 또
다른 독립된 조어과정으로 분류해야 하는지 역시 과제로 남는다.

참고문헌

Braun, Peter(1993): Tendenzen in der deutschen Gegenwartssprache, Stuttgart / Berlin / Köln; Kohlhammer.

Braune, Wilhelm / Paul, Hermann/Sievers, Eduard(1962): Zur Abgrenzung von Zusammensetzung und Ableitung, Beiträger zur Geschichte der deutschen Sprache und Literatur, Halle(Salle); Max Niemeyer Verlag.

Brinkmann, Hennig(1971): Die Deutsche Sprache, Düsseldorf; Schwann.

Bußmann, Hadumod(1990): Lexikon der Sprachwissenschaft, 2. neubearb. Aufl., Stuttgart; Alfred Kröner Verlag.

Duden‒Grammatik(1998): Bearbeitet von G. Drosdowski u.a., 6. neubearb. Aufl., Mannheim; Dudenverlag.

Duden‒Deutsches Universalwörterbuch(2003): Bearbeitet von Duden-redaktion, 5. neubearb. Aufl., Mannheim / Leipzig / Wien / Zürich; Dudenverlag.

Eichinger, Ludwig M(1992): Funktionale Wortbildungslehre ‒ Suffixe, Halbsuffixe und Komposita beim Adjektiv ‒, In: DAAD, S. 235‒247.

Eichinger, Ludwig M(2000): Deutsche Wortbildung, Tübingen; Gunter Narr Verlag.

Erben, Johannes(1993): Einführung in die deutsche Wortbildungslehre,

3. neubearb., Aufl., Tübingen; Erich Schmidt Verlag.

Erben, Johannes(2000): Einführung in die deutsche Wortbildungslehre, 4. neubearb., Aufl., Tübingen; Erich Schmidt Verlag.

Eroms, Hans Werner(1987): "Was man nicht bespricht, bedenkt man nicht recht". Bemerkungen zu den verbalen Präfixen in der Wortbildung, In: Festgabe für Herbert E. Brekle zum 50. Geburtstag, S. 109−122.

Fleischer, Wolfgang(1969): Stilistische Aspekte der Wortbildung, In: DaF 6, S. 273−280.

Fleischer, Wolfgang(1972): Tendenzen der deutschen Wortbildung, In: DaF 9, S. 132−141.

Fleischer, Wolfgang(1975): Wortbildung der deutschen Gegenwartssprache, Tübingen; Max Niemeyer Verlag.

Fleischer, Wolfgang(1977): Typen funktionaler Differenzierung in der Wortbildung der deutschen Sprache der Gegenwart, In: Beiträger zur Geschichte der deutschen Sprache und Literatur, S. 131−145.

Fleischer, W / Barz, I(1992): Wortbildung der deutschen Gegenwartssprache, 2. Aufl., Tübingen; Max Niemeyer.

Gersbach, Bernhard(1984): Wortbildung in gesprochener Sprache I, II, Tübingen; Max Niemeyer Verlag.

Hansen, Sabine / Hartmann, Peter(1991): Zur Abgrenzung von Komposition und Derivation, Trier; WVT Verlag.

Heinz, Rosenkranz(1968): Komposita auf −ding, −sache, −werk, −(ge)zeug, −geschirr und −kram im Thüringischen Sprachraum, In: Beiträge zur Geschichte der deutschen Sprache und Literatur, S. 212−248.

Helbig, Gerhard / Buscha Joachim(1986): Deutsche Grammatik, Leipzig; VEB.

Hempel, Heinrich(1972): Arten und Begrenzung des Kompositums, In: Festschrift für Fritz Tschirch, S. 407−431.

Holst, Friedrich(1974): Adjektive auf "−gerecht" im heutigen Deutsch, Dissertation, Uni. Hamburg.

Jaeschke, Maria(1984): "Bewußt" auf dem Wege zum Halbsuffix?, In: Sprachpflege 3, S. 33−35.

Kann, Hans−Joachim(1972): Anmerkungen zu modernen Adjektivbildungen, In: Muttersprache 82, S. 105−109.

Kramer, Günter(1962): Zur Abgrenzung von Zusammensetzung und Ableitung, In: Beiträge zur Geschichte der deutschen Sprache und Literatur, S. 406−438.

Kühnhold, I / Putzer, O / Wellmann, H(1975) / (1978): Deutsche Wortbildung −Sprache Gegenwart 32/43, Düsseldorf: Pädagogischer Verlag.

Link, Elisabeth(1983): Fremdwörter −der Deutschen liebste schwere Wörter?, In: Deutsche Sprache 11, S. 47−77.

Lutz, Gerhard(1968): Freigesetzte Adjektive, In: Festschrift für Kurt Ranke, S. 503−516.

Mater, Erich(1983): Rückläufiges Wörterbuch der deutschen Gegenwartssprache, Leipzig; Finken Verlag.

Mitzka, Walther(1970): Die semantische Vielfalt von *artig* und ihre synonymen Motive, In: Zeitschrift für Deutsche Sprache 26, S. 1−8.

Müller, Wolfgang(1982): Wortbildung und Lexikographie, In: Germanistische Linguistik 80, S. 153−180.

Naumann, Bernd(1986): Einführung in die Wortbildungslehre des Deutschen, 2. neubearb., Aufl., Tübingen; Max Niemeyer Verlag.

Naumann, Bernd(2000): Einführung in die Wortbildungslehre des Deutschen, 3. neubearb., Aufl., Tübingen; Max Niemeyer

Verlag.

Olsen, Susan(1986): "Argument — Linking" und unproduktive Reihen bei deutschen Adjektivkomposita, In: Zeitschrift für Sprachwissenschaft, Göttingen, S. 5 — 24.

Olsen, Susan(1986): Wortbildung im Deutschen, Stuttgart; Alfreder Kröner.

Olsen, Susan(1988): <u>Flickzeug</u> vs. <u>abgasarm</u> : Eine Studie zur Analogie in der Wortbildung, In: Festschrift för Frank Banta, S. 75 — 97.

Olsen, Susan(1990): Zur Suffigierung und Präfigierung im verbalen Bereich des Deutschen, In: Papiere zur Linguistik, S. 31 — 48.

Petermann, Heinrich(1971): Semantische Veränderungen erster Kompositionsglieder im Grenzbereich zwischen Zusammensetzungen und Präfixbildungen, In: DaF 8, S. 108 — 113.

Poethe, Hannelore(1988): Produktive Modelle der adjektivischen Wortbildung in der deutschen Gegenwartssprache, In: Deutsch als Fremdsprache 25, S. 342 — 348.

Samoilowa, Esther M.(1970): —*mann* und seine Pluralformen in der deutschen Sprache der Gegenwart, In: Muttersprache 80, S. 191 — 196.

Schippan, Thea(1992): Lexikologie der deutschen Gegenwartssprache, Tübingen; Max Niemeyer Verlag.

Schmidt, Günter Dietrich(1987): Das Affixoid, In: Deutsche Lehnwortbildung, S. 53 — 101.

Schmidt, Peter(1983): Die Entstehung von Präfixoiden und Suffixoiden in der deutschen Gegenwartssprache, In: Sprachepflege 7, S. 101 — 103.

Schröder, Marianne(1985): Bevorzugte Wortbildungsmodelle für

Adjektivbildungen, In: Sprachpflege 34, S. 81−84.

Schunk, Gunther(2002): Studienbuch zur Einführung in die deutsche Sprachwissenschaft, Würzburg; Königshausen & Neumann.

Seibicke, Wilfred(1963): Wörter auf "−mäßig", In: Muttersprache 73, S. 33−47.

Seidelmann, Erich(1979): Grundzüge eines funktionalen Modells− Ausdruck − und inhaltbezogene Wortbildungslehre, In: Zeitschrift für Dialektologie und Linguistik 46, S. 149−186.

Sommerfeldt, Karl Ernst(1987): Adjektivische Komposita−ein Mittel der Verdichtung, In: Sprachpflege 36, S. 64−68.

Stepanowa, M. D. / Fleischer, W.(1985): Grundzüge der deutschen Wortbildung, Leipzig; Veb Bilbliographisches Institut.

Thiel Gisela(1973): Die semantischen Beziehungen in den Substantiv-komposita der deutschen Gegenwartssprache, In: Muttersprache 83, S. 377−404.

Urbaniak, Gertrud(1983): Adjektive auf −voll, Heidelberg; Carl Winter Uni. Verlag.

Vater, Heinz(1971): Tendenzen der Wortbildung im heutigen Deutsch, In: Bulletin Phonographique XII, S. 29−38.

Vater, Heinz(1972): Zur Abgrenzung von Ableitung und Komposition, In: Festschrift für Wilhelm Giese, S. 240−249.

Vögeding, Joachim(1981): Das Halbsuffix "frei−", Tübingen; Gunter Narr Verlag.

Wahrig, Gerhard(1980): Brockhaus Wahrig Deutsches Wörterbuch, Stuttgart; F. A. Brockhaus Wiesbaden Deutsche Verlag−Anstalt.

Weinrich, Harald(1993): Textgrammatik der deutschen Sprache, Mannheim; Dudenverlag.

Wilss, Wolfram(1986): Wortbildungstendenzen in der deutschen Gegenwartssprache, Tübingen; Gunter Narr Verlag.

김희자 / 이소영(2001): 독일어 조어론의 이해, 태학사.

권영을(1998): 준접사 첨가에 의한 복합어 형성, 독일언어문학 9.

윤영범(2000): 현대독어 조어의 기능에 관한 연구 ─ 파생어의 의미기능
　　　　을 중심으로 ─, 독일언어문학 13.

장기성(2000): 어휘체계에서의 중심구조와 주변구조, 독일언어문학 12.

장기성(2000): 독어의 관용어와 조어론, 독일언어문학 13.

진성복(1987): "voll"에 의한 복합어의 성격과 구조, 성균관대학교 박사
　　　　논문.

진성복(1999): 근대고지독어 ─bar 형용사의 구조와 의미, 독일문학 70.

진성복(2000): 독일어 어휘론, 성균관대학교 출판부.

조견(1999): 현대도이치어 파생명사의 조어의미성분, 독일문학 70.

• 저자 •

강명희　•약　력•

1970년 서울 출생
경기대학교 독어독문학과 졸업
경기대학교 대학원 독어학 전공, 문학석사
성균관대학교 대학원 독어학 전공, 문학박사
독일 뷔르츠부르크 대학 수학
現) 경기대학교, 성균관대학교 강사
　　성균관대학교 인문과학연구소 연구원

•주요 논저•

「독일어 준접미사(Halbsuffix) 연구」
「독어 파생접미어 -heit와 변이형 -keit/ -igkeit의 형태적 · 의미적 연구」
「명사 조어형태소 -werk의 접사화 단계」
「독일어 합성과 파생의 경계설정에 관하여」
「독일 청소년언어에 나타나는 i- 조어 연구」
「i- 조어유형과 파생어적 특징 연구」
「독일어 준접미사의 기준에 관한 연구」
「형용사 조어형태소 -los」
「독일어 불평등 현상에 관하여」

독일어 준접미사

• 초판 인쇄	2008년 2월 29일
• 초판 발행	2008년 2월 29일
• 지 은 이	강명희
• 펴 낸 이	채종준
• 펴 낸 곳	한국학술정보㈜
	경기도 파주시 교하읍 문발리 513-5
	파주출판문화정보산업단지
	전화　031) 908-3181(대표) · 팩스　031) 908-3189
	홈페이지　http://www.kstudy.com
	e-mail(출판사업부)　publish@kstudy.com
• 등　　록	제일산-115호(2000. 6. 19)
• 가　　격	20,000원

ISBN　978-89-534-8223-4 93750 (Paper Book)
　　　　978-89-534-8224-1 98750 (e-Book)